フィールドワーク選書 19　印東道子・白川千尋・関 雄二 編

仮面の世界をさぐる

アフリカとミュージアムの往還

吉田憲司 著

臨川書店

扉写真――喪明けの儀礼ボナで、森から村に向かうかぶりもの形の仮面ニャウ・ヨレンバ。ラヴ村、ザンビア。1985年9月撮影。

目次

はじめに

あれはニャウだ

六本のドラムが生み出すリズムにあわせて、踊り手の左右の足が激しく大地をける。砂煙がもうもうと立ちのぼる。踊り手はくるりと身をひるがえしたかと思うと、次の瞬間、地面の上を転げまわる。踊り手の汗が飛び、仮面の破片が宙を舞う。広場を囲む女たちの歌声を男たちの歓声がかき消す。いつの間にか、傍で見ている私の体までが動き出している。

仮面をかぶった踊り手は、次から次へと交替で登場してくる。今度の踊り手の動きは、とりわけ激しい。体を左右に大きく振った途端、踊り手の顔から仮面がはずれそうになった。踊り手の顔がみえたわけではない。しかし、瞬く間に、男たちがその踊り手を取り囲み、広場の背後の森につれ去った。乾いたパン、パンという音が二、三回響いてくる。あの踊り手が、平手打ちでも食ったのだろうか。私は、隣にいた老人に声をかけた。

「あの音は平手打ちの音ですね。仮面を落としそうになったから、今の踊り手が制裁を受けたのですか」

長老の答えはそっけない、

「あれはニャウだ」

長老は私の質問を聞き間違えたのだろうか。私は、もう一度聞き直してみた。

「いえ、その、仮面を落としそうになった今の踊り手が、平手打ちをくったのかと聞いているんです」

長老の答えは同じだ。

「あれは、ニャウだ。ニャウが仮面をかぶっているわけがない」

私はもう二の句をつげず、新たに登場してきた踊り手の踊りに目をやるほかはない。ニャウについての質問は、すべてこのようにはぐらかされるのである。

秘密結社「ニャウ」

私が、アフリカの中南部、ザンビア共和国東部州に住むチェワの人びとのあいだで、仮面舞踊にかかわる文化に焦点を当ててフィールドワークを始めたのは、一九八四年五月のことであった。

このチェワの社会では、男子が十二歳から十三歳の年齢に達すると、原則として全員が仮面舞踊の秘密結社に加入する。ニャウとはこの結社の名であるが、仮面をかぶって登場してくる踊り手もまた、ニャウと呼ばれる。葬送儀礼の場で仮面舞踊を演じるのが、このニャウの結社の主な役割である。

ニャウの仮面には、大きく分けて二つのタイプがみられる。ひとつは、顔を隠すようにかぶる、鳥の羽根で全体を覆った覆面や木製の仮面である（写真1）。通常ニャウといえば、このタイプの仮面をつけた踊り手をさすことが多い。とはいえ、同じくニャウと呼ばれるもののなかにも、仮面や衣裳、歌や踊りの違いによって、五十以上の種類が区別されている。ニャウの仮面のもうひとつのタイプは、木の枝や草を編んで作った大きなかぶりものである。踊り手はその中に体ごとすっぽりと入って舞踊を演じる。このかぶりものは、その多くが踊りの際にくるくると旋回運動をおこなうことから、とくにニャウ・ヨレンバ「（円を）描くニャウ」と呼ばれている（写真2）。ニャウ・ヨレンバには、ゾウやライオン、カモシカなど、森にすむ動物をかたどったものが多くみられる。

写真1　ニャウの踊り手。死者の霊の化身とされる。カングル村、ザンビア。1985年撮影。

いうまでもなく、ニャウの踊り手は、ニャウの結社に加入している男たちが変装したものであり、ニャウ・ヨレンバの中には男たちが入って踊りを演じるのであるが、その事実は、女性や子供たちには秘密にされている。ニャウの結社のメンバーでない女性や子供たちには、ニャウの踊り手は死者が墓場からよ

写真2　カモシカをかたどったニャウ・ヨレンバ。
カリザ村、ザンビア。1985年撮影。

みがえってきたものであり、一方のニャウ・ヨレンバは森の奥からやってきた野生動物そのものだと教えられる。結社の外部の者には、仮面の存在自体が秘密にされているのである。したがって、仮面を作り、仮面をかぶって踊りを演じることができるのは、ニャウに加入した男たちだけに限られる。女性や子供たちは、仮面の制作場所はおろか、仮面をかぶった踊り手の間近に近寄ることすら許されない。そんなことをすれば、ニャウの踊り手から激しくムチ打たれることを覚悟しなければならない。けがを負わされても文句は言えない。ニャウが秘密結社と呼ばれる理由はここにある。

村に入って以来、私はずっと村の女性や子供と同じ扱いを受けた。公開の場での舞踊を見ているときはよいとして、それ以外のときにニャウが現れたと聞くや、急いで家の中に隠れなければならなかった。外に出ていて万が一にもニャウと出会い頭にぶつかりでもすれば、どんな暴行を受けるかもしれない。そればかりではない、日々の生活のなかで、ニャウについての質問をすることすら、慎まなければならなかった。仮面の調査を目的に村に住み込んだものの、こと仮面の問題に関する限り、男たちはほとんど何も教えてくれなかった。ただただ、村人から借りた畑を耕すだけの日々が村入りから一年間以上続いた（写真3）。

写真3　村入りから1年以上、村人から借りた畑を耕すだけの日々が続いた。カリザ村、ザンビア。1984年11月撮影。

もちろん、「外国から来た研究者」の立場を利用して、無理に彼らの秘密の活動を見せてもらうことはできたかもしれない。実際、町に近いある村では、旅行者が大金を支払って仮面の製作現場を見せてもらったという噂も滞在中に耳にした。しかし、そのようなことをしたら最後、けっしてニャウのまともなメンバーとしては受け入れてもらえないに違いない。少なくとも、秘密がどのような手順で開示されていくのかもわからなくなるだろう。けっして無理をしてはいけない。そして、たとえ加入が許されなくとも、それはそれで彼らの見識の表れとして素直に受けとめよう。これは、チェワの村に入る前からかたく心に決めていたことであった。

仮面の普遍性

仮面はどこにでもあるというものではない。日本の祭りに常に仮面が登場するわけでもない。世界を見渡してみても、仮面を有する社会は、一部の地域にしか分布しない。オセアニアでは、主としてメラネシアでしか、仮面は作られていない。ポリネシアやミクロネシアでは、仮面の製作はほとんどみられないのである。アフリカなら、赤道をはさんだ南北に広がる熱帯雨林やウッドランド、サバンナ地帯の一部の社会だけで仮面の製作が確認される。南北アメリカやユーラシアでは、広い範囲で仮面の製作と使用がみられるが、それでもすべての社会に仮面が存在するというわけではない。いまひとつ、仮面が農耕や狩猟・漁撈・採集を主たる生業とする社会にはみられても、牧畜社会にはみられないという点も忘れてはならない。いずれにせよ、仮面は、人類文化に普遍的にみられるものではけっしてない。

ただ、世界の仮面の文化を広くみて注目されるのは、仮面の造形や仮面の製作と使用を支える組織のありかたに大きな多様性がみられる一方で、随所に、地域や民族の違いを越えて、驚くほどよく似た慣習や信念がみとめられるという事実である。

「仮面をかぶると、それまでの自分とはちがった自分になったような気がする」。地域を問わず、仮面をかぶったことのある人が、そろって口にする言葉である。一方、仮面を見る側も、仮面の背後には生身の人間の顔があることを知りつつも、仮面の前ではとまどいを禁じえない。

相互のあいだに民族移動や文化の交流がおこったとは考えられない、遠く隔たった場所で酷似した現象がみとめられるというのは、やはり一定の条件のもとでの人類に普遍的な思考や行動のあり方のあらわれだと考えてよい。その意味で、仮面の探求は、人間のなかにある根源的なものの探求につながる可能性をもっている。

仮面とは、文字通り、生身の人間の顔の前に着けて、元の人間とは違う存在になろうとする道具、つまり変身の道具である。この変身を成り立たせるには、二つの方法が考えられる。ひとつは、仮面をかぶっているあいだ、そこにあるのは、仮面をかぶるまえの特定の個人ではなく、その仮面がかたどっている対象なのだということを、仮面かぶる者＝演者と、それを見る者＝観客が、約束事として共有することである。たとえば、日本の能の場合がそれにあたる。もうひとつの方法は、仮面をかぶる前の生身の人間を消し去り、演者の仮面をかぶった姿だけを観客に示して、誰が仮面をかぶっているかはもちろん、人間が仮面をかぶっているという事実そのものを、仮面をかぶる者たちだけのあいだでの秘密にしてしまうものである。この場合、仮面をかぶる者たちは、秘密の壁によって、仮面をかぶることのない人びとから区別された独自の集団を形成することになる。このような集団は、仮面舞踊の秘密結社、あるいは仮面結社と呼ばれる。アフリカやメラネシアなどにおける仮面の儀礼は、基本的にこうした仮面結社によって営まれている。

ここで挙げた変身のふたつの方法は、かならずしもたがいに断絶したものではない。両者の違いは、仮面をかぶった者はその仮面が表す対象になるという約束事を、上演の場だけで通用するものにするか、あるいはそれをさらに徹底させ、上演の場を離れても通用するものにするかの違いである。いずれにせよ、仮面を用いる儀礼は、特定の個人が仮面をかぶっているということを一時的にせよ忘れ去ってはじめて成り立つものであり、その意味で仮面にとって「秘密化」は必然的な仕掛けだといわなければならない。

仮面への関心、山への傾倒

私がいつからとくに仮面というものに関心をもち始めたのか、いま振り返ってみても、これといったきっかけを見出すことはできない。子供のころ、テレビに登場する月光仮面に熱狂し、風呂敷を背中に結んで、家の塀から飛び降りて遊び興じたのは記憶している。鞍馬天狗や仮面ライダー、ウルトラマンなど、「変身」するヒーローに強い関心をもっていたことは確かである。

ただ、ボーイスカウトに加入し、小学校五年生ごろから実家のある京都の北山を手始めに山に登り始めた私は、とくに中学、高校と進むにつれ、週末や夏休み・冬休みになると、山登りに精を出すようになる。それにつれ、週日、家にいるときも、時間を惜しんで山にかかわる書物を読みあさるようになっていった。ほかに書物といえば、古建築、とくに飛鳥や奈良に残る古寺の建築や、そこに鎮座する仏像彫刻に関する書にしばしば目を通すようになる。その時期、仮面というものは、私の頭のなかに確かな居場所をもってはいなかったように思われる。

我が家の書斎や居室に並ぶ書架の中に、中学から高校、そして浪人時代を経て大学に入るころまでの時期に、私が読みふけった山の書が並ぶ一角がある。本書をしたためるにあたって、久しぶりにその棚に並ぶ書を繰ってみた。昭和四四（一九六九）年発行の書が多く含まれていた。中学三年のころに買い求めたものであろう。

その書架の中に、当時の私の関心の変化をはっきりと物語るものをみつけた。山にまつわる書物のあいだに、ぽつんと今西錦司の『私の自然観』（一九六六）が収まっていた。私が購入したのは、その一九七四年版であった。同書は、京都の北山での山登りからヒマラヤの探検、そしてサル学からアフリカでの人類学的調査への展開へという、今西の履歴の折々についてのエッセイを集めたものである。私が、今西の著作に接したはじめての書であったろう。その今西のあとを追うように、私はその後、京都大学に進み、探検部に入部し、アフリカでの人類学的研究に従事することになる。

とはいえ、京都大学へ進んだ私が、はじめからアフリカ研究をめざしていたわけではない。実は、受験の一年目、現役での受験のときは、工学部の建築学科を受けた。建築の歴史を勉強したいと考えていたのである。その年は、見事に落ちた。もともと、歴史を研究しようと建築学科を受験するというのは、動機が不純であったかもしれない。一年間の浪人生活のあいだ、私は受験勉強の一方で、やはり時間を見つけては山をめぐった。その山行の途次、山村で目にする民家が私の目をとらえた。同じく建築といっても、山の人びとの生活とともに生まれ、今も生きている建築。そうした建築への関心が、私の関心を民俗学へ向け始めた。私の書棚に柳田国男の著作が並ぶようになる。翌年の受験の先は、文学部に定めた。

本書は、その後の私の仮面を軸にしたフィールドワークの軌跡を思い出すままに記したものである。

以下、本書は四つの章で構成されている。

第一章「仮面の森・以前――遠山霜月祭から上ナイル踏査まで」は、私が南部アフリカ・ザンビアで仮面をめぐる調査を始める以前の、フィールドワークの紆余曲折・右往左往を振り返ったものである。実のところ、私にとってはじめての海外でのフィールドワークであった上ナイル踏査では、仮面を有する社会での滞在をめざしたものの、マラリア罹患でその目的を果たせなかった。しかし、そのおかげで、その後の私の仮面への探求はより深いものになったと実感している。この章の記述は、私のフィールドワークの形成史を綴ったものとも言えよう。

第二章「仮面の森へ――ザンビア・チェワの社会をめざす」と第三章「仮面の森のフィールドワーク――秘密結社ニャウへの加入」は、一九八四年からこれまで、三十年以上にわたって私が南部アフリカ・ザンビアのチェワ社会で進めてきた仮面をめぐるフィールドワークの記録である。仮面は、人類社会に普遍的にみられるものではない。にもかかわらず、ひとつの社会の仮面のあり方を突き詰めていくことで、広く人類に共通する思考のあり方の特質がみえてくる。そこには個別の探求から普遍の認識に至る道筋がうかがえるはずである。

仮面をめぐるフィールドワークの延長線上で、私は仮面をはじめとするアフリカの産物の、博物館・美術館による収集と展示のあり方に目をとめた。そこから、ミュージアムにおける文化の表象の問題点と可能性の探求を、自身の研究と実践のもうひとつの柱とするようになる。いわば、自分が所属するミュージアムそのものを、自らのフィールドワークのもうひとつの対象にしたのである。第四章「ミュージアムのフィールドワーク――文化の表象の探求と実践」は、博物館・美術館を舞台とした、文化の表象をめぐる私の探求と実践のあとを記したものである。

フィールドワークというものは、けっして研究者にだけ許された行為ではない。それは、人と人との直接の交流のなかで、他者と自己を把握していく営みである。とすれば、それは私たちが日常的に実践している行為を意識化したものに過ぎない。その意味では、すべての人がフィールドワーカーなのだと言ってもよい。私の試行錯誤に満ちたフィールドワークの記録が、読者にとってなにがしかの発見につながるものであれば、それは筆者として望外の喜びである。

第一章　仮面の森・以前――遠山霜月祭から上ナイル踏査まで

フィールドワークの洗礼

一九七五年、京都大学文学部に入学した私は、教養部で文化人類学を担当していた米山俊直助教授（当時）の門をたたく。早速、米山さんが梅棹忠夫さんから引き継いで運営していた京都大学人類学研究会、通称近衛ロンドに参加し、週一回の研究会で民俗学や人類学の報告に耳を傾けるようになる。梅棹忠夫、岩田慶治、堀田満、石毛直道、それに小松左京の諸氏に会ったのも、このロンドの場であった。米山さんはそのころ、国内では農山村の生活史に関する調査や、学生たちを巻き込んだ文化人類学実習での祇園祭の調査を続ける一方、アフリカではタンザニア、そしてザイールでの調査を進めていた。近衛ロンドでも、米山さん自身によるザイール・テンボ社会についての報告のほか、和崎洋一さんによるスワヒリ語についての報告、掛合誠さんによるタンザニア・トングウェ社会の呪医の活動の報告など、アフリカ関係の調査報告に接する機会が多くなる。福井勝義さんのエチオピア・ボディ社会における牛の分類と色彩分類の対応の報告をはじめて聴き、驚嘆したのも、そのロンドの場であったと思う。

米山研究室に足しげく出入りする一方で、私は同時に探検部に入部した。その頃のノートが残っている。それにしたがえば、探検部に入部を決めた時、「私の心の奥には、〝はるかな未知の地へのあこがれ〟があった。しかもそのあこがれには、カラコルム・ヒンズークシ以来の学術探検隊のイメージが重なっていた」という。探検部に入ればすぐにそのような隊の一員として海外に出られるという、勝手な思い込みがあったようである。もちろん、そのような思い込みはすぐに打ち砕かれた。

一九五六年、本多勝一や高谷好一を中心に、今西錦司、梅棹忠夫らを顧問として設立された京都大学の探検部は、私の入部当時、高谷さんを部長に仰ぎ、山派、海派、里派に分かれて活動していた。部員のリーダー——プレジデントと称していた——は、末原達郎さんであった。山派は、国内の山でトレーニングを重ねつつ、山岳部と連携してヒマラヤやアンデスへの遠征をめざしていた。海派は、カヌーでの離島周航を繰り返す一方、水中テントと称して、テントを使った水中での酸素吸入による長時間の水中滞在の実験を計画していた。里派というのは、農山村での民俗学的・文化人類学的なフィールドワークをおこなうグループである。末原さんがその筆頭に立っていた。探検隊への参加がすぐには無理とわかった私は、その里派に加わることになる。

米山門下で探検部の里派となった私が最初に経験したフィールドワークは、奈良県吉野郡大塔村《おうとう》（現五條市大塔町）篠原での人びとの生活史（ライフ・ヒストリー）の調査であった。米山さんが一九六九年刊行の著『過疎社会』で取り上げた、人口流出が全国でも有数とされる村での、いわば追加調査である。時期は、一九七五（昭和五〇）年の六月。まだ、私たちが入学して二か月しかたっていない。

「行ってみませんか。私も後から行きます」

米山さんの気軽な言葉に背中を押されて、私と同時に探検部に入った栗本英世（現在は大阪大学教授）とふたりで、大塔村に向かうことにした。事前に村役場と篠原小学校に電話をしておけば、小学校で泊めてもらえるだろうという、これも米山さんの言葉に従って、役場や小学校と連絡を取り、五條経由で、十津川村の北に位置する大塔村に入った。まず、辻堂でバスを降り、近くにある村役場で住民票をみせてもらう。篠原の世帯とその構成を把握するためである。当時はこのように住民票の閲覧も簡単に許されていた。篠原の、その時点での戸数は四十六戸、人口は一五一人。うち一人暮らしの世帯が九世帯あった。

役場で、話をきかせてもらえそうな地元の方を何人か紹介してもらったうえで、役場からも小学校へ電話を入れていただいた。篠原へは、ヒッチ・ハイクで地元のトラックの荷台にのせてもらって向かう。篠原に着いて、早速、小学校を訪ねると、若い女性の先生が出てこられ、教室の一角で話をうかがうことができた。先生は、その年の三月に大学を出たばかりで、着任してまだ二か月だという。全校生徒は九人、うち二人の一年生の担任である。ほかに、着任二年目の校長先生と、二人の女性の先生が赴任しているが、その日は金曜日で、子供たちも他の先生方もすでに帰宅したあとだった。

「今、六年生が一人。来年、その子が卒業すると、全校生徒は八人になります。再来年は六人に。当分一年生は入ってきません。両親とも朝早くから夕方まで山へ働きに出るので、子供たちにとっては学校が家庭の延長になります。村の外に出かけても、子供たちが待っているなと思うと、すぐ篠原へ帰ってきたくなります。帰るときは、一人一人に土産物を買ってきます」

新鮮な感覚をもちながら子供たちに深い思いを寄せる、魅力的な先生であった。話を聞いた後、夕陽に映える校庭で、先生と栗本と私の三人でバレーボールをして遊んだ。私たちが、ムラの雑貨屋で食料を買い求めてくると、料理をしてくれ、夕食は一緒に食卓を囲んだ。夜は、小学校の宿直室で泊めてもらった。私たちをその部屋に案内してくれたあと、先生は、学校近くの宿舎へ帰っていった。生まれてはじめてのフィールドワークである。楽しい一日であった。

翌朝、状況ががらりと変わっていた。先生の態度が一変していたのである。村人から何かを告げられたのだろうか。先生に朝の挨拶をしても、目も合わせてもらえず、返事も返してもらえない。昨日役場で紹介してもらった人たちの家の場所を尋ねようにも取りつく島がない。そもそも、私たちが学校に滞在していること自体が許されない状況になっているように思えた。私と栗本は急いで荷物をまとめ、昨日買い物をした雑貨屋さんに頼み込んでその二階にころがりこんだ。また、その雑貨屋さんの主から、役場で紹介してもらった人たちの家を教わり、話を聞かせてもらいにまわることにした。

「若いものはほとんど村を出て行ってしまった。わしらの息子も娘も村を出て、今、奈良におる。ここには、わしとばあさんのふたりだけだ」

「二十年前は賑やかやったんだで。それが、隣の二軒も、下の二軒も大阪へ出て行ってしもて、今は空き家や。林業せん（しない）もんは、皆、外へ出ていく」

大塔村は、古くから木地師の村として知られてきた。最後の木地師といわれた新子薫さんにも話を聞いていた。

「四代前から杓子づくりを続けている。最近は、民芸ブームで、結構仕事が忙しい。自分は大阪へ出て家具関係の仕事をしていたが、二年前にここへ戻ってきました。和泉さん（和泉重三郎氏）ももう七十六歳やし、もう杓子づくりをやるもんがおらんようになるやろうと思うてね」

切り出した材木を運ぶトラックの運転手をしている欽ちゃん（仮名）という二十七歳の青年からは厳しい言葉をもらった。

「材木は下市《しもいち》へ運ぶ。林業は、道もない斜面を登って伐採する。ほんまにおとろし（おそろしい）仕事やで。…その点、わしらトラック動かしてるもんは気楽や。…そやけど、これまでから、自治省のお役人やえらい学校の先生が何人も来て、村の年寄りやわしらから話を聞いて帰ったが、少なくともわしのとこへ、そのあとまとめた報告書やら本を送ってくれた人は一人もおらん。話聞くだけ聞いて、あとはほったらかしや。お前らかて、そうなるんやろ」

「いや、僕たちの場合、そんなことは…」と言いかけたが二の句がつげなかった。

小学校の先生の態度の急変と、欽ちゃんの鋭い言葉は、はじめてフィールドワークに手を染めた身にとって、痛烈な一撃であった。ガツンと頭を殴られた気がした。人を対象としたフィールドワークに従事する者＝「調査者」というものの、対象の社会の人びとにとっての絶対的な他者（よそもの）性と権力性に気づかされた。「調査者」というのは、結局のところ、寄生虫でしかないのではないか。はじめてのフィールドワークは、強烈な問いを私に突きつけた。小学校にお詫びの手紙を残して、私たちは大塔村をあとにした。

遠山郷下栗

フィールドワークの問題点にぶつかりながらも、同時に、自分の足で歩き回り、村の人びとに接し、長老や若者たちから話を聞くことで、自分の知見が開かれていく体験は、新鮮な喜びとして私を魅了した。自分自身のフィールドをもちたい。自分自身の問題意識のもとで、自らの知を開いていくという体験をさらに重ねたいと思った。どこをめざすか。栗本とも話し合った。その時、私たちがフィールドとして選んだのは、長野県下伊那郡（現飯田市）上村《かみむら》下栗だった。中世から近世にかけて遠山氏の領地であったことから、遠山郷下栗として知られる。

私はすでに信州の山々を広く歩いていたが、それまで南信濃のこの地域に足を踏み入れたことはなかった。一方で、下栗について、深田久弥が『百名山以外の名山50』（一九六八）のなかで「下栗ほど美しく平和な山村を私は他に知らない」と感嘆の言葉を残し、岡田喜秋が『山村を歩く』（一九七四）という書で、「チベットを思わせる急斜面の山村」と形容していたことは記憶していた。しかも、その地には、「霜月神楽」という仮面の芸能が伝承されている。

かつて、建築や彫刻に興味をもっていた私であるが、人びとの生活への関心が強くなるにつれ、同じ造形でも、人びととの生活のなかで育まれ、人の身体に装着されて、躍動することではじめてその存在意義を発揮する仮面というものに、強く惹かれるようになっていた。南アルプスを間近に望む山の村での、人びとの生活と仮面の芸能をめぐる調査。そのころの私の関心をこれ以上に満たしてくれる対象はほかに見当たらなかった。相棒の栗本は栗本で、柳田国男が『東國古道記』（一九五二）に収められた「秋葉と遠山道」という文章の中で遠山郷に触れているのを知り、この地域の歴史と、集落の成り立ちに関心をもったようだ。七五年の七月、二人で下栗をめざした。飯田線の平岡からバスで和田に入り、その夜は和田で泊まった。翌日、バスで上村まで行き、そこからはおよそ十キロの道を歩いた。

下栗は、標高一〇〇〇メートルという高地の、想像以上に急峻な斜面に開かれた村であった。傾斜が三十度から四十度という急斜面に、板葺き・石置き屋根の家いえと畑が張り付くように点在している。遠山川の流れるV字谷を隔てた対岸には、南アルプスの聖岳、光岳《てかり》がそびえる。壮大な眺めである（写真4）。

このときを含め、私たちは、一九七五年七月、七五年十二月、七六年一月、七六年二月、七六年八月と、およそ一年の間に五度、下栗を訪れることになる。それぞれ五日から一週間程度の滞在であるから、合わせて一か月、この山上の村で過ごしたことになる。この地の一年間の生活のサイクルをひととおり追おうとしたのである。このうち、七六年一月の一日から五日までの滞在は、霜月祭に立ち会うためのものであった。

写真４　遠山郷下栗（現在は長野県飯田市上村下栗）。石置き屋根の家屋が、40度を超える急斜面に張り付くように点在している。奥に見えるのは、南アルプスの聖岳。1976年１月撮影。

遠山の霜月祭は、旧暦の霜月（十二月から一月）に遠山谷の上村地区、南信濃地区のいくつかの集落でそれぞれ日を違えておこなわれる。湯を立て、神々を招き、立てた湯を献じるという湯立の神事と、神面による舞からなる湯立神楽の祭りである。

祭りの前に、祭りがおこなわれる下栗の拾五者大明神の禰宜を長く続けてこられた熊谷好文氏に霜月神楽について聞いた。祭りの起源については、江戸時代のはじめ、飢饉をきっかけに百姓一揆が起こり、当時の領主遠山土佐守が百姓に殺された。その後、土佐守の死霊の祟りがあり、その死霊を鎮めるために死霊祭りをおこなったところ、祟りもおさまり、豊作になったので、その後毎年霜月、今の十二月の十二、十三日に祭りをするようになったのだという。なぜ、霜月にやるのですかという私の問いに、熊谷氏はこう答えた。

「秋の取入れを終わってほっと一息ついたところで、来年の豊作を祈り、来る年も一つよろしく頼むということで、この祭りをしたんだろうな」

現在、この地域に生きる人びとの、この祭りに込めた願いに通じる解釈だと私は思った。祭り自体は、私たちがはじめて下栗を訪れた当時、一月の三日と四日におこなわれていた（現在は旧に復している）。十二月十二・十三日から一月三、四日への祭りの期日の変更の理由を問うと、

「戦後、この村に残る人あり、出る人あり。そういう村から出ていった人も帰ってきてみんなでにぎやかに祭りをしたほうがよいではないかという話が出、それなら、正月であればみんなが帰ってくるし、そのうえ正月のご馳走も一緒に祭りで食べられる、といったことで日を改めた」

ということであった。

霜月祭

私にとって、仮面に焦点をあてた最初のフィールドワークである。当時のフィールドノートを繰りながら、祭りの進行をたどってみよう。祭りのプロセスは、同行の栗本と交代で8ミリカメラで撮影した。カメラを持たない者が、儀礼の手順をノートに記載し、最終的に二人のノートを合わせてひとつの記録とした。以下は、その共同のフィールドノートの記述をもとにしている。

祭りの舞台となるのは、拾五社大明神の社殿である。社殿の内部は、一番奥に拾五社大明神をはじめとする祭神の祠（おたまや）の並ぶ神殿があり、その手前に畳敷きの拝殿が設けられている。拝殿から一段下がって、入り口まで方形の板の間が広がる。中央に粘土で固めた火床が設けられている。この空間が舞殿と呼ばれる。湯立てと舞がおこなわれる空間である。

祭りは、本祭の前日、一月二日の宵祭から始まる。

午後五時、火床の塗りかえ（釜塗り）やしめ縄・御幣（祓い木）、切り紙や紙垂れの飾り付けなど、一切の準備が終わったところで、五人の禰宜が白襦袢に水干・白袴、烏帽子姿に着替え、手には数珠を持って、神殿を背にし舞殿の方を向いて拝殿に横一列に座る。氏子たちは、それに対するように、一段下の舞殿に立って、皆で「きしめ」と呼ばれる甘酒を飲む。四人の宮世話人（地区の代表）の挨拶の後、酒が振る舞われた。しばらくたって、禰宜が神前に向き直ると、神楽が歌われた。中央の禰宜が太鼓を打ち、他の禰宜は鈴を鳴らしながら歌い、会衆が合いの手を入れて唱和する。会衆のなかにも、鈴を持つ人が三人、金を持つ人が一人みられた。

「東方や南方大神小神方のましますところ、ヤレ清むには、三浦の塩で、ヤンヤーハーハ」

「伊勢国、ようだが原に、ヤレ食む鹿は、角を並べて、ヤンヤーハーハ、御座れしょうずる」

神楽ののち、今一度、皆で「きしめ」を飲んで、解散となる。この日、面は登場しなかった。

翌一月三日が本祭の日である。午後一時過ぎ、拝殿に禰宜七人が神殿を背に座り、それに対面するように氏子が舞殿に座って一同が集った。総勢三十人。宮世話人から開式の挨拶がなされた後、宮元の太夫（禰宜の筆頭）が榊の大きな祓幣を振って一同の祓いをする。その後禰宜たちは神前に向き直り、祓いの神言の数かずをとなえたうえで、宮元の太鼓に合わせて「浄めの神楽」を歌い継いでゆく。

午後一時半、男女ふた組の子どもが、一人の禰宜と太鼓と笛を持った付き添いの男たち数人に伴われて、神社から五〇〇メートルほど離れた祓沢まで湯立ての水を汲みに行く。「水迎え」と呼ばれる。

水迎えの一行が帰着すると、火入れがおこなわれる。二人の禰宜がそれぞれ一の釜、二の釜の前に立ち、水迎えで迎えた水を手桶から直接、一の釜、二の釜の順に釜に注ぐ。二人の禰宜は、やはり一の釜、二の釜の順に、火打ち石を二回ずつうち、釜の下の薪に火を付けた。

湯立て

午後二時半、一同が湯釜を囲んで座る。総勢は三十人ほどである。「座揃い」と呼ばれる。湯釜に向かって左側の一画に、二つ折りにした新しい筵が敷かれ、筵の四隅には御幣が立てられた。その筵の上に禰宜が裸足で立ち、神名帳《じんめいちょう》を読み上げる。

「信州伊那の郡、伴野の庄、遠山門村に御立ちはやらせ給う、八社の神、先期の正八幡、五郎の姫宮、八王神、宮天白まで、ただ今このみしめのうち、湯の上三寸へ招じ進ませ申す」

神々を「湯の上三寸」にお迎えするというのである。そういえば、湯釜の上には、梁から四角い木枠を垂らし、それにしめ縄や切り紙、紙垂れを付けた「湯の上」あるいは「火のあて」と呼ばれる飾りが設置されている。この湯の上飾りと湯釜を合わせて「湯殿」と呼ぶという。

禰宜はさらに日本全国六十六カ国の大社の名を順に読み上げては「これまで招じ奉る」と唱えて続けた。このあと、湯立てが始まることになる。

写真５　霜月祭での「湯召し」。禰宜が湯木で窯の中の湯を跳ね上げる。遠山郷下栗。1976年１月撮影。

湯立ては、湯はじめ（先湯）、天王の湯、五穀豊穣の湯、大願成就の湯、眷属の湯、鎮めの湯と続く。このうち、湯はじめ、天王の湯、鎮めの湯は、「役湯」と言われ、特に重要な湯として、特別な手順でおこなわれる。

四人の禰宜は、湯木を両手に一本ずつ持ち、湯釜の回りを回りながら太鼓に合わせてしばし舞う。そののち、二本の湯木を一つにして右手に持ち替え、湯釜のほうを向いて、一柱ずつ神様の名を呼んでは、会衆の「こんぼとのぼれ」という合いの手にあわせて、湯木を湯につける（写真５）。このとき、「こんぼと」の声に合わせて、湯木の先を湯の中につけ、「のぼれ」に合わせて湯木を戻して湯を跳ね上げる。「湯召し」と呼ばれる場面である。最後に「日本中の神様、こんぼとのぼれ」と歌われて、この湯立ては終わる。あとで聞くと「こんぼとのぼれ」というのは、「雲とのぼれ」の意であるということであった。

　眷属の湯のときには、社殿に集まっている会衆一人一人にも一本ずつ湯木が渡された。外来の見物人にも隔てはない。禰宜の唱える神の名に合わせて、「こんぼとのぼれ」と唱和しながら、皆で湯を跳ね上げる。最初は気恥ずかしそうにためらっていた見物人も、いつの間にか熱気に押されて、湯木を付ける輪に入り、いつしか社殿のなかはお互いに湯を掛け合う嬌声に包まれる。賑やかな湯立てであるが、眷属（一族の意）とは、稲荷様のお使いの狐、三峰様のお使いの狼など、神様の一族のことと、また遠山土佐の守とその一族のことを指し、眷属の湯はもともと遠山一門の死霊をなだめる湯立てであったともいわれる。

　十一時五分。釜の四囲にゴザを敷き、禰宜が入り口の側に、神殿を向いて座り、「神返しの神楽」を歌う。

「東方南方、大神小神方へ、えまゆまします　大空へ　かすげのこまでな　ヤンヤーハーハー
西方北方、大神小神方へ、えまゆまします　大空へ　かすげのこまでな　ヤンヤーハーハー」

禰宜の合唱で「中祓い」と呼ばれる神事は終わった。神々を送り返したのだという。

神様たちは帰ってしまった。面は？

「えっ、神様方が帰ってしまった？」

神送りが終わったという説明に、私は耳を疑った。まだ、面も登場していないのに。社殿の中では、夜食のおにぎりが出され、献杯が続く。禰宜は、ここではじめて食べ物を口にするという。この機会を「御神酒開き」と呼ぶ。夜の十一時三十分を回っていた。面はこれから出るのだという。「まだ一時間はあとになる。それまで休憩だ」という村人たちの言葉に、私と栗本も、腹ごしらえのための近くの民宿にいったん戻ることにした。十二時四十分、私たちが神社に戻ったときには、すでに「鎮めの湯」が始まっていた。「面開き」も終わったという。「御神酒開き」の後かたづけと併行して、拾五社の祠の上に置かれていた面箱から日天・月天の面が出され、すべての面が神前に並べられたという。「しまった。大切な場面を見逃してしまった」

と思ったが、すでに遅かった。

神面

ようやく面が登場したのは、午前一時半をまわったころである。最初に姿をあらわしたのは、頬の彫りが深く、天狗のように鼻の突き出た朱色の面で、火の王（日天）の面という。太刀を帯び、両手に腰をあてて見物人をかき分けながら進むと、一の釜の前で立ち止まり、印を結んだ上で、鎮めの呪文を唱えることを繰り返したうえ、手で左右に三回ずつ湯をはねる（写真6）。「湯切り」という。この湯のしぶきを浴びることで、邪気が祓われ、無病息災に暮らせるようになるといわれて

写真6　霜月祭りでの火の王（日天）の面による「湯切り」。遠山郷下栗。1976年1月撮影。

いる。火の王は、その後、二の釜の前でも同じことを繰り返す。

次に登場したのは、やはり鼻の高い灰色の面。水の王（月天）だという。一の釜、二の釜の順に、火の王と同じしぐさを繰り返す。湯が跳ねられ、周りに湯のしぶきが飛び散るたびに、カメラのフラッシュがたかれ、集まった見物人たちのあいだから歓声が巻き起こる。

続いて登場したのは「八社の面」であった。消防団の青年が、新たな面が登場するたびに、大音声でその面の名前を唱えていく。八社の面は遠山一族八人の姿をあらわしているという。

一の宮と二の宮、子安様と、白い女面の舞いが続いたあと、四面《よおもて》が登場する。平服に赤い襷をかけた若い男四人が、白や褐色の男面をつけて登場し、「よーせ、よーせ」の掛け声に合わせて、釜の四囲を駆け回る。群衆の中に飛び込み、群衆に押し返されては、また元のほうへ跳ね返り、行きつ戻りつしながら、飛び回る。場内は歓声で包まれる。

秋葉様。群青色の烏天狗面をつける。禰宜と一組になり、一の湯、二の湯とも、禰宜が先に湯切りをし、それに続いて秋場様が湯を切る。見物人は、「はねかけよ、はねかけよ」とさかんにはやし立てる。秋葉様が退場したあと、消防団の若い衆が、だれかれと見境なく湯をかけ始める。私もカメラを持ったまま湯のしぶきを浴びた。場内は悲鳴と歓声に包まれる。

稲荷様。狐の面をかぶり、全身赤い装束の舞い手が二体登場する。一周目は右手に扇、左手に鈴をもち軽やかに舞い、二周目は持ち物を手放して、キツネをまねたしぐさを混ぜながらユーモラスに舞う。

神太夫・婆。最初に、婆（乳母）の面をかぶったバアサが登場し、観客の頭を杉の枝ではらって回るが、村の若い衆がふざけてバアサをたたき返し、両者の取っ組み合いになる。そこへ翁の面をかぶったジイサの神太夫二人が湯木を両手に持ち、打ち鳴らしながら登場する。ジイサは関守役の村の男に呼び止められ、問答になる。湯木を取り上げられてようやく通してもらったジイサは、バアサと抱き合いながら退場する。

龍頭《たつがしら》。黒いあごひげと口ひげのついた男面をかぶった少年「ちんちゃこ」が、茶色の幌をつけた龍の頭を湯木でたたいて引き上げると、龍は仰向けに寝そべって口を開け閉めする。

天伯。鼻の太い天狗のような赤い面をつけ、太刀を手にした舞い手と、やや小彫りの鼻をもち、頭に白髪を生やした赤い面をつけ、同じく太刀を手にした舞手が、釜を挟んで剣を東西南北と釜の方向の五方にかまえ、さらには突き刺すようなしぐさを繰り返す。五方の邪をこうしてはらうのだという。湯切りはしない。最後に、釜のほうを向き直り、禰宜の「天下泰平、五穀豊穣、無病息災、めでたく叶う」という声にあわせて、中空に太刀で「叶」という字を書いて納める。

祭りは終わった。午前四時過ぎ、舞殿に莫蓙が敷かれ、酒と食事がでて直会《なおらい》となる。しばし、その座の中に加わった。さすがに眠い。早々に辞去して外へ出ると、東の空が白んでいた。凍りつくような冷気が肌を刺した。

余興の祭り

思わず、読者を徹夜の神楽に付き合わせてしまった。その記録を振り返ると、当時二十歳の私が、宮のうちに残る人の数を逐次記録するなど、自分の目にした出来事を最大限に記録しようと努力していたあとがうかがえる。その一方で、大切な面開きの機会を見逃すなど、休憩のとり方のツボをまだ心得ていない未熟さも目につく。

徹夜の祭りにつき合ったのは、これがはじめてであった。こののち、私は、日本の各地で、そしてアフリカで、徹夜の祭りに繰り返し参加することになるが、そのたびに、この下栗での夜を徹した祭りが思い出された。

それにしても、霜月祭りの構成は、私には意外であった。仮面をつけた舞手が湯を切り、邪をはらう祭りと聞いていただけに、面は最初から最後まで登場するものだと思っていた。ところが実際には、湯立て神事は、面をつけない禰宜たちによって進められ、神迎えをして神送りもなされる。面が登場するのは、日本中の神様たちがそれぞれの地に帰ってからなのである。村人は、そのあとに始まる、さまざまな面の登場する祭りを「村内の祭り」あるいは「余興の祭り」とさえ言った。遠来の神様方が帰ったあとで、土地の神々と楽しむ場だというのである。

仮面が神聖視されていないというわけではなさそうである。そこには、邪を祓い、五穀豊穣をもたらす力も認められている。一方で、人びとと仮面をつけた舞い手の和やかな、ときには暴力的でさえある交流が印象的であった。社殿に詰め掛ける村人たちの数の違いだけを見ても、「面形の舞い」が演じられる部分が、人びとの楽しみになっていることがうかがえる。

当時の私には、現在の祭りにみられる構造を、遠山谷の歴史的な変遷や、他の地区の祭りの次第や面の構成の比較結果と重ね合わせることで、読み解く力はまだ備わっていなかった。ただただ、眼前の出来事を細大漏らさず記録することだけに集中するのが精いっぱいであった。

アフラシア・プロジェクトの提案

霜月祭を見たその年、私は、二月と七月から八月にかけても下栗を訪れている。霜月神楽を支える諸観念についてより深く知りたいということもあったが、昭和三十年ごろまで焼畑がおこなわれ、その後もアワ、ヒエ、キビ、ソバなど雑穀の伝統的な技法での栽培が続けられているこの村には、学びたいことが山ほどあった。

ただ、同時にその国内でのフィールドワークだけでは満たされないものをどこかに感じていた。〝はるかな未知の地へのあこがれ〟、当時のノートに私はそう書いている。その思いに突き動かされて、その年の八月十五日から九月三十日までの四十五日間、私はヨーロッパを一人で旅した。ザックひとつにすべてを詰め込んだ、貧乏旅行である。少年期からあこがれていたアルプスの峰とその麓の緑のアルム（草原）をどうしてもこの目で確かめたくなったのである。

インド航空を利用して、大阪―香港―バンコク―ボンベイ。ボンベイで一泊し、タジ・マハールを見て再び飛行機に乗り、ボンベイ―ベイルート―パリと、三日目にようやくパリにたどりつく南周りのルートをとった。北回りのルートに比べて、航空券が大幅に安価だったのである。パリからは、まず、オランダ、ドイツの各地をまわり、オーストラリアのウィーン、ザルツブルグ、インスブルックを経て、スイスに入った。グリンデルワルトから、ツェルマット、ベルンとたどって、パリへ戻った。

ゆく先々で、美術館を訪れて絵画や彫刻を見、教会建築に接し、夜はクラシックのコンサートや音楽祭でのオペラを天井桟敷で味わった。もうひとつの目的は、やはりスイスのアルプスの山々を巡ることであった。荷物の底には登山靴を忍ばせていた。最初の三週間、ドイツ、オーストリア各地を巡っていたのは、山の天候を見守っていたというところもある。天候が安定したのを見計らって、一気にグリンデルワルトに入り、アイガー、メンヒ、ユングフラウの峰々に面会した。メンヒ

写真７　ツェルマット、フィンデルン村からマッターホルンを望む。スイス。1976年６月撮影。

だけは頂を目指したが、単独行でもあり、無理はできない。天候が思わしくなく、途中で引き返した。ツェルマットでは、滞在中毎日、マッターホルンのふもとの村々のトレッキングに興じた（写真7）。

　私としてははじめての海外の旅であった。本当に楽しい旅だった。アカデミックに何かをしたいという旅ではなかったが、この旅は、私にひとつの自信を与えてくれた。自己流で学んできた語学が、なんとか、海外でも通用するということを確認できたからである。

　一方で、その旅では、やはり、どうにも満たされないものがあった。「探検」へのあこがれである。年が明けて七七年の一月、私はヨーロッパに出かける前後から温めていた「アフラシア十万キロ」というプロジェクトを探検部に提案した。カルカッタを起点とし、ケープタウンまで、アジア、ヨーロッパ、アフリカを自動車で踏破しつつ、いくつかの地で二週間から一か月程度の定着調査を実施するという壮大な計画である。

　手元に残る計画書には、「僕の、いやわれわれの〝はるかなあこがれの地〟を一挙に自動車で踏破しよう。未知の土地、未知の人間、それらはわれわれの目の前に千変万化の相を見せてくれるだろう。予想走行距離十万キロ。僕はこの計画を〝アフラシア十万キロ〟と仮に名づける」と、若さの目立つ高揚した言葉が踊っている。

ユーラシアとアフリカを一気に自動車で踏破し、自身の目での比較を試みようというのは、いま思えば、手法の上では、一九五五―五六年の京都大学カラコルム・ヒンズークシ学術探検隊と一九六七―八年の京都大学大サハラ学術探検隊を引き継ぐものであるし、発想の上では、梅棹忠夫の『文明の生態史観』（一九五七）を踏襲したものだといえなくもない。途中の定着調査地として、アフガニスタンのカーブルと北アフリカのサハラ砂漠を挙げているのがなによりの証である。広範な地域をこの目で見てみたいという欲求と、いくつかの地域では定着調査をして、その地の文化を深く知りたいという欲求があわさった、当時の私自身の心の内を素直に外に出した、それだけに途方もない計画であった。何をおいても、自分を異文化の中に投げ込んでみたい。その単純な欲求がそのころの私を突き動かしていた。この段階では、資金のことは集めれば何とかなるとしか考えていなかった。

提案を受けた部員は誰もが半信半疑であったろう。ただ、私自身は真剣であった。すぐに、在日の各国大使館に、車での通行の可否や手続きを問い合わせる手紙を出した。すぐに入国の手続きについて知らせてくれる国もあれば、サウジアラビアのように「当国の国政、国情に沿わず、その達成は不可能と存じます」と、頭から入国そのものの可能性を否定する返信もあった。通行の難しい国々を迂回して喜望峰までたどり着くルートを見つけ出す必要があるようであった。

当時のミーティングの記録が残っていた。日付は一九七七年四月二十一日の夜。このプロジェクトに関心をもって集まったのは、私と栗本のほか、二回生、一回生の探検部員を中心に計七人だった。その名前と現職を記してみる。吉田憲司（国立民族学博物館教授）、栗本英世（大阪大学教授）、松原秀夫（産経新聞解説委員）、重田眞義（京都大学教授）、秋田徹（日本新薬株式会社食品開発研究所長）、松井栄元（元集英社編集部）、それに探検部部員ではないが、私の中学・高校時代の友人で、車のラリー経験もある柏木博志（京都第二赤十字病院脳外科部長、当時は京都府立医科大学在籍）が加わっていた。

その記録によれば、私は、「アフリカで住む」という希望と「シルクロードを走ってヨーロッパまでたどり着く」という希望を述べている。栗本は、むしろ「一人でインド、ネパール、アフガンへ」行きたいと言う。松原は「東南アジア」に関心があると言っている。重田は「住み込み」を主張し、そのミーティングの直前、創設されて間もない国立民族学博物館（民博）の石毛直道、佐々木高明、松澤員子、吉田集而の諸氏によって一九七六年九月から十二月までインドネシアのマルク諸島（旧名モルッカ諸島）北部のハルマヘラ島で実施された国立民族学博物館ハルマヘラ調査隊の例を出し、「何人かの仲間が近くにいることのメリット」を説いて、隊を編成しての滞在を提案していた。一方、秋田は、車で移動することでより多くのものを見たいという希望を述べている。松井は逆に「車は必要ない。アフリカで、どちらかというとインテンスィヴ（集中的）な形で滞在したい」と言いつつ、その滞在のために「調査という言葉を方便として使いたくない」と重みのある発言をしている。二十歳前後の若者たちの熱気のこもった議論が、当時のノートのはしばしにうかがえる。そのミーティングでは、ヨーロッパを起点に、まずアフリカでの「住み込み」を実施したうえで、ヨーロッパへ戻って、そこから車でインド、そして日本へという行程が案出されている。住み込みの候補地としては、中央アフリカ共和国を暫定的な目的地として設定し、情報を集めることになった。

中央アフリカは、北部はサハラ砂漠の南縁の乾燥地帯、一方南部にはコンゴ盆地の森林へと続く熱帯雨林帯が広がる、内陸国である。生態系の違いに合わせて、北部にはナイル系の牧畜民、南部には、狩猟採集に従事するピグミーの人たちも住む。多様な文化の存在と、サハラを越えてたどり着ける終着点としての位置取りが、この国にまずターゲットが絞られた理由であったろう。

ノートには「詳しい情報は、端さんに聞け」とある。探検部の先輩で、民博に籍を置く端信行さんに聞いてみろというのである。早速、端さんと連絡を取り、端さんの京都のご自宅を訪問した。

端さん自身は、中央アフリカの首都バンギに短期間滞在した経験はあるものの、北部と南部の国境地帯にまで足を延ばす機会はなかったといい、その年一九七七年の七月から八月にかけて、民博の西アフリカ学術調査の一環として、カメルーンやトーゴなどとともに中央アフリカを訪問して調査や資料収集の可能性を探ろうとしている段階だとのことであった。しかし、中央アフリカ共和国では、その前年、一九七六年十二月にボカサ大統領によって帝政が敷かれ、中央アフリカ帝国に

なったばかりであった。端さんも、

「外国人の入国に対して厳しい監視体制を敷いているときいている。自分たちにとっても、入国や調査はまず難しいのではないかとみている」

という。一発勝負での滞在を想定しているわれわれにとって、中央アフリカでの「住み込み」は難しいと判断するほかなかった。


「君たちはアホですか?」

計画は仕切り直しになった。米山さんの研究室で栗本たちと次に打つ手を相談していたときのことだったと思う。傍にいた末原達郎さんが、

「福井さんのところへ行くのがいい。やっぱり、こんなとき相談するなら、福井さんやで」

と言った。やはり探検部の先輩で、端さんと同じく民博の助教授になっていた福井勝義さんを訪ねてはどうかというのである。

米山さんも、衝立越しにその話を聞いていたらしく、

「うん、うん、福井君は、今、何かプロジェクトを考えていると言っていたような気がする。行ってみるといい」

と、いつもの調子でいう。

福井さんは、京都大学農学部在学中の一九六四年に今西錦司を隊長とする京都大学アフリカ学術

調査隊に加わってタンザニアのイラク社会でのフィールドワークに従事したのを皮切りに、一九六七—六八年には京都大学大サハラ学術探検隊の一員としてエチオピアで栽培植物に関する調査をおこなった。さらに一九七三年からから七六年にかけては、一度の帰国を挟んで、同じくエチオピア西南部のボディ社会に夫人・正子さんと計二年半にわたって住み込み、帰国後、民博に着任して半年余りたったところであった。徹底したフィールドワークを身上とし、仲間内では「フィールドワークの鬼」という異名をとっていた。私たちは、その福井さんに会うことにした。電話ですぐに約束を取りつけた。

すでに近衛ロンドの場で顔を合わせてはいたが、じっくり話を聞いてもらうのははじめてである。一九七七年の六月、まだ、一般公開前の、完成して間もない民博の建物の四階にある研究室に、私と栗本、それに重田の三人で福井さんを訪ねた。ひとしきりアフリカでの住み込みと車でのユーラシア走破を組み合わせた私たちの計画を聞いた後、福井さんは、私たちの目の奥を順に覗き込むようにしながら、

「君たちはアホですか？」

と言った。唐突であった。

「車で走るだけでいったい何になる。何がわかるというんだ？」

私たちには、すぐに返す言葉がみつからなかった。

サハラ砂漠の縦断なら、すでにパリからバスが出ているし、シルクロードはヒッピーたちの目的

地になっている。

「そんなことをするよりも、……」

福井さんのその言葉に、私たちは身を乗り出した。

「スーダン南部へ行かないか？」

その提案も唐突であった。

「スーダン南部？」

思わず、私は聞き返した。なぜ、スーダン南部なのかが、にわかには理解できなかったからである。

一八八九年以来、エジプトとイギリスの共同統治下にあったスーダンの、とくに南部地域では、二十世紀の前半にイギリス人類学者によって積極的な調査がなされた。とりわけ、エヴァンズ＝プリチャードによるヌエル社会やザンデ社会の研究は、イギリスの社会人類学の骨格を形成する基礎になった研究として、今日でも高く評価されている。スーダン南部は、いわばイギリス社会人類学の揺籃の地とさえいえる場所なのである。

そのスーダン南部では、独立直前の一九五五年から七二年まで、北部の支配から脱しようとする南部人とそれを制圧しようとする北部人のあいだで内戦が続いてきた。いわゆる第一次スーダン内戦である。一九七二年、政府側と南部スーダン側のあいだでアディスアベバ和平協定が成立し、内戦は終結した。いうまでもなく、内戦中は、外部の研究者の入域は不可能であった。それが、内戦終結から四年が経ち、ようやく入域が許される可能性がみえてきたという。福井さんは、その翌年一九七八年から一年間、ケニア・ナイロビにある日本学術振興会ナイロビ事務所に駐在員として滞在する予定になっていた。スーダンは、そのケニアと国境を接している。自身のナイロビ駐在期間中に共同して、スーダン南部に入ってみないか。今なら、国境再開後、はじめての学術探検が実現できる、というのが福井さんの言であった。その話を聞きながら、すでに南部スーダンへ行こうと心を決めている自分がいた。探検部に入ったときからこだわっていた、学術探検のイメージが、そこにはっきりとみてとれたからである。栗本も重田も同じ思いであったに違いない。

すぐさま、その実現に向けて計画を練ることにし、同時に勉強会を始めることになった。スーダン南部での調査をもとに記された古典的なモノグラフ（民族誌）を担当の箇所を決めて読み、その内容をお互いに報告しあうというかたちの勉強会である。

B・A・ルイスによる『ムルレ人』（一九七二）、エヴァンズ＝プリチャードによる『ヌエル――ナイル系一民族の生活と政治制度の記録』（一九四〇）『ヌエルの親族と結婚』（一九五一）『ヌエルの宗教』（一九五六）それに『アザンデの世界――妖術・託宣・呪術』（一九三七）を最初に取り上げた。まだ、一部の書の邦訳の出版される以前である。すべて原書が相手である。

ほぼ二週間に一回のペースで、栗本、重田、私の三人に、もう一人、松原が加わって民博の福井さんの研究室に集まり、民族誌を次々に読み進んでいった。一人が担当するのは、毎回、五十ページから六十ページ程度であったと思う。したがって、四人で読めば、短い書なら一回の研究会で読み終えることになる。報告の際、パラグラフごとに要約を書き、さらにそこに記された情報を得るのに、つまりその情報を聞き出すのに、どのような質問事項が必要になるかを一つ一つ書き出すことを福井さんから課された。この勉強会が、私にとって、人類学の重要なトレーニングになったのは、間違いない。

思わぬ抵抗

計画書もすぐに取りまとめた。隊の名称は、今から考えると大変時代がかった名だが、京都大学探検部上ナイル踏査隊と決めた。目的を「スーダン南東部白ナイル奥地におけるナイロート系諸部族の文化人類学的調査」とし、多様な生態系にどのように対応して人びとが生活を営んでいるかを、とくに生業と物質文化に焦点を当てて、明らかにすることを計画の柱にした。期間は一九七八年九月から一九七九年三月に設定した。残された準備期間は、この段階でおよそ一年である。

この計画は、しかし、探検部のなかで、思わぬ抵抗にあうことになった。探検は未知への探求の名を借りた植民地主義的侵略の尖兵を担うものだ。その政治性を考えることなく、アフリカへ「学術調査」の名を借りて出かけて行っていいのか？　しかも、探検に必要な経費を募金でまかなうとすれば、それは体制に認められないと実現できず、結果的に探検自体が体制内的なものにならざるをえない。そのような行為を、探検部のプロジェクトとして認めてよいのか。といった意見が出されれ、まずそれに対する回答を求められたのである。

じつは、この議論は、私たちが探検部に入部するおよそ五年前、一九七〇年ころに、七〇年安保闘争、全共闘運動と連動して、探検部のなかで繰り返し論議されていたものであった。「探検部解体論」が出され、探検部の部室が一時封鎖されたこともあった。

私たちが計画を提出した一九七七年当時、すでに日本の各大学での全共闘運動はほぼ終息していたが、京大ではまだ余波が残っていた。教養部での教官室封鎖や文学部での学生による成績自主管理などが続き、成田空港の三里塚闘争に参加する友人もいた。探検部の部会にも、七〇年当時の闘争を経験した大学院先輩部員が何人かは毎回出席していた。私たちの計画は、部のなかにくすぶっていた探検の政治性に関わる議論に、再び火をつけてしまったのである。

私たちにとって、「人類学的調査」は、けっして他者の知的搾取のための口実や借りてきた看板などではなく、自分たちにとって未知の人びとを深く知りたいという、本音のレベルでの目的を言葉にしたものであった。もちろん、その行為が政治性と無縁であるなどとは思っていなかった。あの、大塔村でのはじめてのフィールドワークで、トラックの運転手をしている欽ちゃんから突きつけられた言葉を思い出した。調査者というのは、結局は「寄生虫」でしかないのではないか。あのときの思いは、私に常につきまとってきた。

探検部内部での、「人類学的調査」への疑念は、探検部の創設のメンバーで、朝日新聞の記者となった本多勝一さんによる「調査される側の論理」（『殺される側の論理』一九七一に所収）の議論に大きく影響されていた。調査する側は調査される側を結局は自分自身の認識の枠組みのなかに位置づけるだけで、その権利や生活の向上にはなんら貢献しない。しかも、その調査の成果が、その民族の支配に利用されることもしばしばみられる。「調査される側の論理など、まず大前提として存在しないのです」とまで本多は言い切っている。

しかし、だからといって調査することをあきらめ、他者＝異文化を知ることを断念するとすれば、地球規模での人と人の出会い、交流の道もまた閉ざされてしまうことになる。それが、望ましい世界のあり方だというのだろうか。

私たちは、まず何よりも、まだ見ぬ人と出会いたい、その人について深く知りたいという気持ちを抑えられなかった。そして、その出会いのなかで、調査される側の論理、受け入れる側の論理に限りなく寄り添うことを自分に課す以外なかった。この議論に足をとられて、計画を遅らせるわけにはいかなかった。

「すりぬければええんや」

何度目かの部会での議論のあとで、先輩の永井博記さんが、アドヴァイスをくれた。永井さんは、「探検部解体論」の提出、探検部の封鎖の翌一九七一年に、議論よりも、とにかく『探検』行動をおこすこと」を標榜して「京大探検部サハラ隊」を組織し、サハラ砂漠のオアシス、アウレフ・エル・アラブで三か月滞在して、貨物船で帰国した経験をもつ。この議論は長引く。すりぬけたほうがよいと、永井さんは言うのである。

そういえば、そもそも探検部の創立というものが、京都大学カラコラム・ヒンズークシ学術探検隊のあとを受けて、京大山岳部のなかで、学生だけでのカラコラム・ヒンズークシ探検隊を出そうとしたとき、若手ＯＢも外に出ないうちに現役の学生が出ることに対する大きな反発があり、山岳部から分かれて独自の部をたてて探検隊を組織したことに始まっている。また、本多勝一さんらが、そのようにして西カラコラム・東ヒンズークシ探検隊として出て行く一方で、本多さんらと探検部創設に加わった、高谷好一さんや東滋さんは、「中近東調査研究部」という組織を立ち上げ、探検部とは別枠でイランに出かけている。今西さんが、登山や学術探検の実現に向けて、京都大学士山岳会（ＡＡＣＫ）や京都探検地理学会、生物誌研究会といった組織を次々に立ち上げていったように、京大には、海外遠征という目的に向けて、組織に縛られず、しなやかに立ち回る風土があるのかもしれない。私たちも、上ナイル踏査の計画を探検部からはずして、独自の組織を母体に実施することにした。

新しい組織は、その名を野外科学研究会（Field Science Association）とし、正式に京大の学生部に登録して学内組織とした。したがって、正式名称は京都大学野外科学研究会となる。顧問には、当時探検部の部長であった高谷好一さんにお願いした。新しい組織の立ち上げと、踏査隊の顧問のお願いに高谷さんのもとを訪ねたとき、高谷さんは、いとも簡単に引き受けてくださった。

「自分たちもそうやった」

高谷さんは、一九五六年、自身が探検部を離れて「中近東調査研究部」を立ち上げ、イランに向かったことを思い出して、私たちの行動に共感してくれたのである。

計画書

京都大学野外科学研究会上ナイル踏査隊。隊の正式の名前は定まった。隊員は、私と栗本英世、それに重田眞義の三人である。

早速、計画書を作成し、募金をはじめとする準備に取り掛かった。

このとき用意した計画書が残っている。少し長くなるが、その中の「趣旨」をここに記しておきたい。良くも悪くも、当時の私たちの「異文化」認識がそこにはっきりと表れているからである。

近代文明の危機が叫ばれる今日、アフリカは新たな可能性を宿した大陸として、国際社会の中で急速に脚光を浴びつつある。アフリカのもつ広大で多様な自然と、そこに住む多くの民族は、たしかにさまざまな意味で今後の人類の未来を担うものといわなければならない。

アフリカの地図を開いた時、我々の目を決まってひきつけるのは、あのサハラの大砂漠と、悠久のナイルの流れであった。アラブ世界とブラック・アフリカとを隔てる自然の障壁、サハラ。その東部をあたかもただ一つの救いのごとくに流れるナイル川。しかし、そのナイルにも、南北を隔てるもうひとつの大きな障壁のあることを、我々は今まで知らなかった。それは〝スッド〟と呼ばれるスーダン南部に広がる大沼沢地帯。長い間にわたって一年の半分以上を占める雨季におけるすべての交通を拒絶してきた、浮草と泥水の果てしない広がりである。

スッドと、それに続くサバンナ・半砂漠、さらにはその果てに屹立する標高三一七八ｍのキニエティ山をはじめとする山塊など、ナイル上流の自然はきわめて多様である。この、湿潤と乾燥を包含する多様な生態系に人々は如何に適応し生活しているのだろうか。我々は、その有様を、とくに生業と物質文化に焦点をあてて探ろうと考えた。

一九五六年の独立以前、スーダン南部一帯は、民族学の宝庫として多くの英国人類学者達の注目を集め、いくつかの人類学的調査が行われた。その中から、今日の社会人類学を支える重要な理論が生み出されたことは周知の通りである。しかし、多くの未調査地域を残したまま、独立以降は南部の黒人と北部のアラブ人との対立が内乱に発展し、一九七二年まで外国人の入域はほとんど不可能といってよい状態であった。そして、その状態は、地理的条件の過酷さも手伝って、そのまま今日に至っている。近代文明の波が急速にアフリカの各地に押し寄せる今日、同地域の諸民族・諸文化の早急な記録が期待されるところである。

この計画は、現地の人々とともに生活し、彼らの自然への適応様式を明らかにするとともに、さらに彼らの世界観をさぐることによって、あらためて近代文明の中に住む我々自身をふりかえってみようとするものである。

この趣旨文のあとに、目的として、(一) 農耕・牧畜など、環境に適応した伝統的生産様式の調査、(二) 生産用具・生活物資など、物質文化の記録・収集、(三) 対立・共存する部族間関係の調査、(四) 伝統的芸術・芸能の調査をあげ、総予算を五二〇〇万円と記している。計画の実施時期は一九七八年九月から一九七九年三月と定めた。

同時に英文の企画書も作成して、在スーダン日本大使館、スーダン外務省、スーダン情報省、それにハルツーム大学の人類学研究所とアジア・アフリカ研究所へ送付した。英文計画書には、日本語の計画書にはない、「我々のこの計画は、かつての欧米人類学者たちのおこなった一方的な調査を踏襲することなく、スーダンの学生や研究者と共同して現地の人びとともに生活し、そこで学び取った成果をわかちあうこととする」という文言を付け加えた。探検部内部での「未知への探求の名を借りた一方的な搾取」という批判を受けて、現地との協力、成果の地元への還元を明確に表明したのである。

二足の草鞋

当時のノートに、この計画書をまとめた日は、一九七七年四月十九日と記載されている。それは、私たちが教養部での一般教養課程を終えて、それぞれの学部での専攻を決めて配属される時期と重なっていた。

当時、京大には、文化人類学を専攻する講座は設けられていなかった。人類学を志望する学生は、それぞれ既存の講座に所属しつつ、近衛ロンドや人文科学研究所の社会人類学部門の共同研究会——梅棹さんが民博へ移った後、谷泰さんが主宰していた——に参加することで、人類学的な知識を身に着けるほかなかった。結果的には、それが、特定の専門分野に縛られない、文系と理系を横断した学知と人脈を手に入れることにつながったのだが、当時は、あたかも迷宮の中を手探りで進路を探すかのような思いで、専攻を選んだ記憶がある。

文学部の友人たちのなかでは、人類学に一番近い、社会学の講座に進学する者が多かった。松田素二や栗本英世がそうである。地理学や考古学に進んだ者もいる。私自身は、やはり、モノや芸術・芸能に対するこだわりをどうしても捨てることができなかった。人類学との二足の草鞋を履くことは覚悟の上で、美学美術史学の講座を選んだ。先史美術と現代の「未開民族」の美術を含む「原始美術」を研究したいと、今ではけっして使うことのない用語を用いて志望理由を述べた記憶がある。当時の主任教授はドイツ美学が専門の吉岡健二郎、助教授は日本仏教彫刻史が専門の清水善三の両氏であった。アフリカとは何の関係もない。ヘーゲルやフィードラーの芸術理論をたたきこまれる一方、実習で京都、奈良、滋賀の寺を回って仏像の調査をするという日々が始まった。予想通り、人類学と二足の草鞋を履くことになった。上ナイル踏査の計画も、美術史という、自分の専攻とは一応切り離して考えることにした。ただし、調査項目に、「物質文化の記録・収集」が明記されているのは、私の関心を反映したものである。

民博開館とシンポジウム

福井さんを囲んだ勉強会は、この間もずっと継続していた。とくに、一九七七年の九月に、福井さんが谷口財団国際シンポジウム民族学部門の第一回シンポジウム「東アフリカ牧畜民のあいだの部族間関係――戦争と平和」を主宰することになると、私たち、栗本、重田と私の三人も、その準備と当日の手伝いをすることになり、開館前の民博に通うことが多くなった。館長の梅棹さんに館長室でご挨拶したのも、その折のことであった。

一週間の長丁場にわたるシンポジウムではポール・バクスター（ケニアのボラナ社会の研究）やデイヴィッド・タートン（エチオピアのムルシ社会の研究）、セルジョ・トーネイ（エチオピアのニャンガトム社会の研究）、アラン・ジェイコブズ（ケニアのマサイ社会の研究）など、著書や論文でしか名を知らない第一線の研究者たちと直接顔を合わせ、時間を共にすることができた。午前中にひとつ、午後にひとつと、たっぷりと時間を取ったセッションでは、私たちがこれから向かおうとするスーダン南部の諸社会と関連の深い社会についての報告が次々となされる。これ以上の「勉強会」はほかになかった。英語だけでおこなわれる国際シンポジウムというものに接するのは、これがはじめてであったが、その準備の過程もつぶさに経験した。その後、私自身が毎年のように国際シンポジウムを開催するようになるが、そのノウハウは、この第一回の谷口財団国際シンポジウムの際に盗み取ったものに違いない。

ちなみに、民博では、谷口財団の国際シンポジウムを、この民族学部門（一九七七年―一九九八年）と、もうひとつ、文明学部門（一九八二年―一九九八年）の、二つの部門でシリーズ化して開催してきた。私は、一九九八年にその文明学部門の最終回、第十七回「近代世界における日本文明――収集と表象」とを担当することになった。民族学部門の第一回を学生としてお手伝いし、その二十一年後に文明学部門の最終回を主宰する。何か、奇しき縁のようなものを感じざるをえない。

シンポジウムが終わった翌月、民博は開館する。近衛ロンドのメンバーを募って、公開された展示の見学会も催した。なぜか、そのときの展示の印象を思い出そうとしても思い出せない。民博は、私にとって、博物館である以前に、文化人類学の世界最先端の研究施設と映っていたようだ。

シンポジウムののちも、出発直前まで、勉強会は民博の福井さんの研究室を場に続いていった。ムルレ、ヌエルから始まった民族誌の読破は、ヌバ、ディンカ、シルック、ボディ、マンダリ、アチョリ、トゥルカナ、カリモジョン、マサイと、スーダン、エチオピア、ケニアの、いわゆるナイル系牧畜民のほぼすべてをカヴァーするようになり、その周辺の農耕社会のものも視野に入ってきた。ここでいうナイル系とは、言語分類でのナイル―サハラ語族の東スーダン系諸語を指すカテゴリーである。一方、同じナイル―サハラ語族の言語でも中央スーダン系に分類される言語を話し、牧畜より農耕を主たる生業とする集団の中に、スーダン南西部に住むボンゴという人びとがいる。そのボンゴの社会についての、エヴァンズ＝プリチャードによる短い民族誌的報告が私の目に留まった。ザンデ社会に離接するグループであるが、そこに仮面の伝統がみられるという。上ナイル踏査での私自身の目標は、そのボンゴ社会に据えることにした。

募金と交渉

こうした勉強会活動を続ける一方で、踏査に向けての募金活動を進めた。

福井さんのアドヴァイスもあり、まず、京大山岳部のＯＢで毎日新聞の記者であった斎藤清明さんに会って話をすると、この久しぶりの「学生探検」に大変関心をもってもらえた。早速、上司の編集局長に面会すると、「毎日新聞としては資金は出せないが、記事化はする。写真撮影用のフィルムは提供する」と言ってもらえた。斎藤さんには、さらに、毎日放送とのあいだの橋渡しをしてもらった。毎日放送とのやり取りの結果、毎日放送で私たちの現地での活動を取材して番組化することが決まった。もちろん、取材班が同行するのは、私たちの滞在期間の一部である。ただ、取材に必要だという理由で、現地での車、具体的にはランドクルーザーの提供を受けることになった。また、取材協力費として、私たちが取材班と同行する期間の現地滞在費相当分の拠出も約束された。開園を目指していた、愛知県犬山の人間博物館リトルワールド（現・野外民族博物館リトルワールド、開園は一九八三年）のために、現地での資料収集経費として百万円の提供を受けた。もちろん、資料購入と輸送にあてる費用であるが、それに必要な作業の経費も含まれている。ガソリン代などは、この経費で賄えた。

隊員それぞれに、家庭教師や塾の教師など、アルバイトにも精を出した。私自身は、家庭教師のほか、高校時代の友人たちとグループを作り、信州・斑尾へスキー・ツアーのバスを出して、少額ながら収入を得た。各人の渡航費と滞在費分は、各自で調達するのが原則であった。

「京大の三学生、〝最後の秘境〟へ踏査隊」などと、準備段階から新聞記事で紹介されると、知人や友人からも結構な額の餞別をもらった。米山さんの「内戦後の南部スーダンに入ろうとしている面白い学生たちがいる」という一言を聞いて、小松左京さんからは十万円の餞別をいただいた。なんとか、目標の総予算五二〇万円は用意できた。

一方で、スーダンへの入国と、現地ハルツーム大学との共同研究に向けた事前の交渉は困難を極めた。東京のスーダン大使館へは、一九七八年四月初旬に英文の計画書や大学当局（具体的には、当時の沢田敏男学生部長、後の総長）からの推薦状等を持参し、ビザの申請をした。本国照会のうえ、ビザの種類も含めて回答をするとのことだったが、なかなか回答は返って来なかった。

他方、在ハルツーム日本大使館は、すぐにスーダン外務省文化局長に接触してくれた。スーダン外務省としては、なによりも日本大使館からの口上書（公文書）が欲しいとのことであった。日本大使館から口上書を出すには、東京の外務省本省からの命令が必要となり、その命令が出るよう、外務省の中近東一課または文化事業部あてに、「便宜供与依頼」をしてほしいとの返信が日本大使館から送られてきた。ただ、学生の渡航に対する「便宜供与依頼」を外務省が受け取るというのは、異例のことである。このとき、顧問の高谷さんと同じ京都大学東南アジア研究センターの教授で、長く外務省におられた石井米雄さんが口をきいてくださった。顧問の高谷さんと沢田敏男学生部長からの二通の「便宜供与依頼」を外務省文化事業部へ送付した。外務省本省からの連絡を受けて、日本大使館は正式にスーダン外務省文化局長あての口上書を発出し、受け入れの準備は進んでいった。

共同調査を申し入れたハルツーム大学からは、なしのつぶてであった。出発の予定時期はせまってくる。現地に乗り込んでから交渉するしかないと決めた。

在東京スーダン大使館からのビザの発給を受けて、予定通り、一九七八年九月二十七日、私と栗本は日本をたった。重田は、すでに八月の初旬から、京都大学アフリカ研究会の一員としてケニアのナイロビに滞在し、九月中旬には現地での物資調達の可否を把握するため、一足先にスーダン南部のジュバに入っていた。

スーダンへ

エジプトのカイロを経て、十月五日、空路ハルツームに入った。ハルツームは、アフリカ大陸北部に広がる砂漠地帯の南端に位置する。町全体が砂と埃に包まれて、建物の壁は赤茶色に染まっている。一方で、この地は、ウガンダから流れる白ナイルと、エチオピアから流れる青ナイルの合流地点にあたる。ナイル川はここから砂漠地帯を北流し、地中海へ向かう。逆にいえば、ここから南がナイルの上流域、つまり、われわれの言う「上ナイル」ということになる。

日本大使館からスーダン外務省を通じて、関係省庁、とくに情報文化省やハルツーム大学へ私たちの南部スーダン入域の案件は伝えられており、あとは私たちが直接出向いて、それぞれの機関から関係機関あての紹介状・推薦状を得るだけになっていた。情報文化省は、きわめて好意的で、南部地方政府情報文化省へすぐに私たちの来着を通報してくれた。一方、ハルツーム大学のほうは、社会人類学専攻長のハッサン・ムハンムド・サリー氏に会い、内務省・中央記録局・人類学評議会あてに、調査許可申請書を出すことになった。その許可が出てはじめて、南部への「移動許可」が与えられる。当時のスーダンでは、外国人だけでなく、スーダン国民であっても、南北間の移動には、許可証が必要であった。植民地時代以来続いてきた南北分断政策のなごりである。この制度が、スーダンにおける南北の対立の助長あるいは固定化に一役買ってきたことは否定できない。私たちが、その「移動許可」を得たのは十月十八日のことであった。

ハルツームに入った段階では、私たちは、調査とテレビ局の取材に必要な車をハルツームで入手し、ナイル川を船でさかのぼって、スーダン南部地方政府の首都ジュバに入ることも想定していた。当然、テントやベッド、寝袋、医薬品、調査資材一式を詰めた別送荷物、いわゆるアナカンは、ハルツームへ送り、ハルツームで入国通関することにしていた。ところが、ハルツームに着いて早々、緊急の連絡がはいった。アナカンが、ハルツームでなく、緊急連絡先として記載していた福井さんのいるケニア・ナイロビに着いてしまったというのである。まったく、予想外の展開であった。当然、通関に必要な書類一式は私が持っている。ナイロビでは通関できない。ハルツームへ転送するのも、リスクが大きすぎる。他方、ナイルをさかのぼって、車とともに水路でジュバへ入るのも、現実的ではないことがわかってきた。車はナイロビで調達し、アナカンの荷物と一緒に、陸路ジュバへ入ることにした。ただ、そのためには、まず、空路でジュバへ飛び、南部での調査許可・滞在許可を得てから、ナイロビへ向かう必要がある。十月二十六日のフライトで、私と栗本は、ハルツームを発ち、ジュバに入った。

「ボーイングのドアが開くと、湿った熱風が吹き込んできた」。『民族紛争を生きる人びと』(一九九六) と題する著書の中で、栗本が、ジュバに降り立った瞬間の印象を、そう記している。まさに、同感であった。乾ききった北部、ハルツームの空気とはまったく異なる空気が、辺りを満たしていた。滑走路の周りを埋め尽くす緑の草と、空港の周囲に点在する緑の木々。泥壁に草葺の屋根を載せた円錐形の家屋も見え隠れする。はじめてのはずのその風景に、私は懐かしいような安堵感を覚えた。

空港には、重田が迎えに来てくれていた。早速ジュバ大学に向かった。内戦終結後、南部地方政府の樹立とともに設立され、創立一周年を迎えたばかりの新しい大学である。学生寮は満室で入れなかったが、八つのベッドのある診療所の大部屋を与えられ、学生食堂での食事も無料で提供してもらえることになった。たいへんな厚遇である。踏査隊全体の財政の上でも、大助かりであった。

直接の所掌官庁である、南部地方政府情報文化省文化局は、私たちの計画をパイオニアワークとして高く評価してくれ、これを機会に文化局としてもナイル東岸奥地の伝統文化の把握に乗り出したいと、文化局の役人を私たちの隊に同行させてくれることになった。道案内として大いに助かるところではある。ただ、同行は私たちが定住に入るまでのこととし、それ以上の援助は丁重にお断りした。私たち独自の調査への影響をおもんばかってのことである。

ジュバの町は、「首都」とは思えないほど、のんびりした町だった。高層ビルなど、ひとつもない。役所の建物も、ほとんどは平屋か二階建てである。道路も大部分は未舗装で、下水道も整備されていない。あちこちにゴミが積み上げられ、辺りに異臭を放っている。照りつける太陽の下、ナイル川で汲んだ水をドラム缶に入れ、ロバの背に乗せて売り歩く水売りの姿が目につく。

それにしても、物資の少なさには驚いた。道端でコカ・コーラの空瓶を見つけて、辺りにいた男にどこでコーラが買えるかを聞いたところ、二十年前、内戦が始まる前に一時、コカ・コーラが入ったことがあるという。空き瓶は二十年前の遺物だった。店をのぞいても、どの店も同じように、塩や砂糖、石鹸のほか、イワシとパイナップルの缶詰めが並んでいるだけであった。生鮮食料品というものがない。市場へ行っても、豆類ばかりが並んでいる。たまに見つけるキャベツやタマネギは、腐りかけている。ナイロビから空輸で運んできたものだという。米やケチャップなどの調味料、トイレットペーパーなどは、ナイロビで仕入れて車で運んでくる以外ないようであった。

ナイロビからジュバへ

ジュバの近く、バリ人の村で物質文化の調査をするという栗本を残して、私と重田は、十月三十一日、空路でナイロビに向かった。そのときは、二週間ほどで、車を調達してジュバに戻るつもりであった。

小雨期に入ったばかりのナイロビの町は、雨で埃が洗い流され、雨上がりに陽が出たときなど、木々の緑にジャカランダの花の紫や火炎樹の花の赤が生えて、町全体が輝いて見えた。ハルツームとも、ジュバとも違う、「別天地」と思えた。モノもふんだんにある。日本食も手に入る。町を走

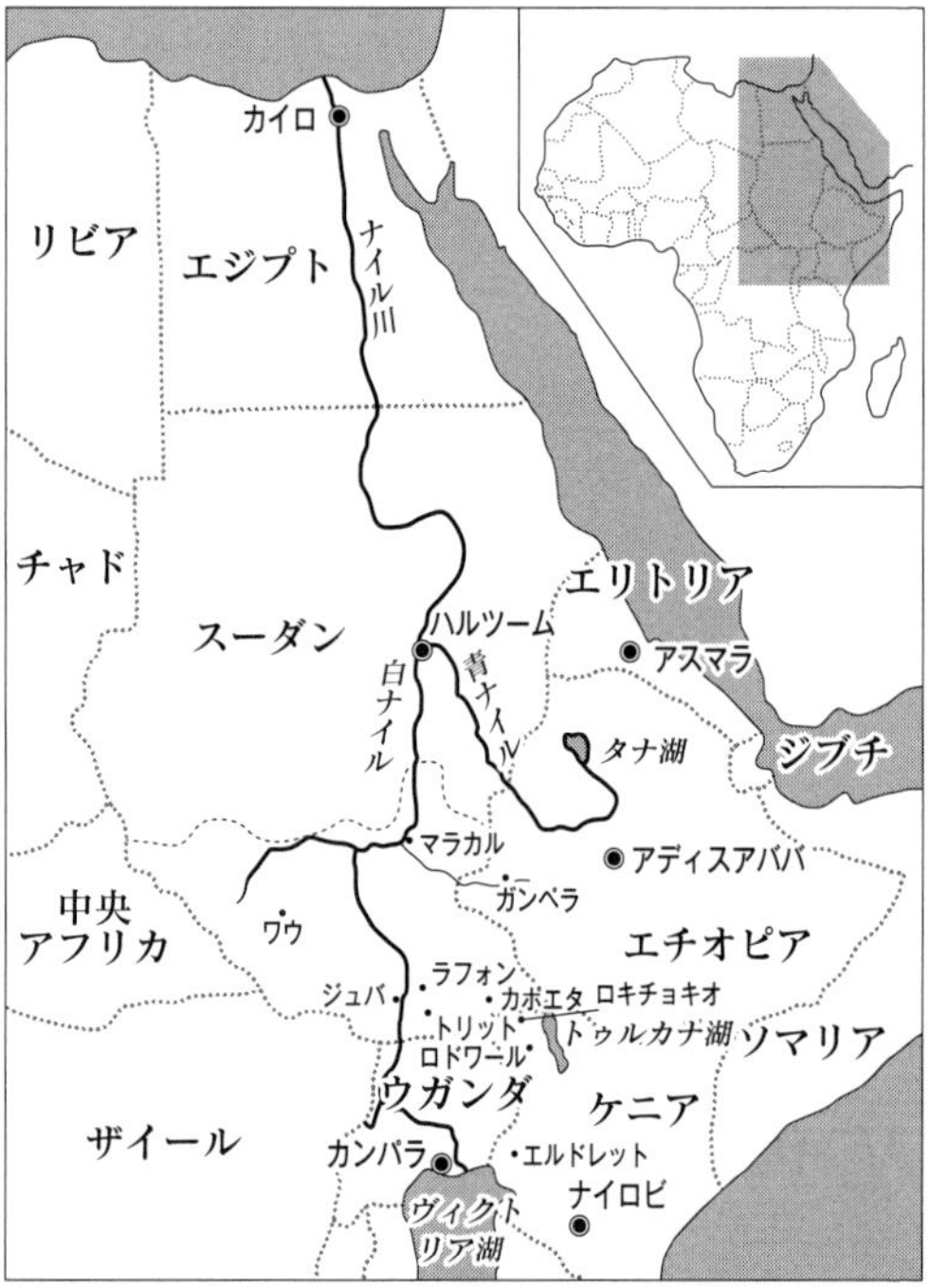

図1　スーダン関係地図（1978年当時）

る車の大半が日本車だ。ここにいる限り、食事も環境も、日本にいるのと大きな違いはない。

手に入れた中古のランドクルーザー（一九七二年式）の整備と改修がなかなか終わらなかった。その間、ナイロビでの滞在が五、六日も経つと、あれほど輝いて見えていたナイロビの町の風景が当たり前のものに見えるようになってきた。一方で、砂と埃にまみれたハルツームでの、あるいはジュバでの滞在のなかに、「心の張り」が感じられたこと、見るものすべてが異質で、それだけに面白かったことが、かえって懐かしく思い出されてくる。心のなかで、南部スーダンへ戻る準備は、すでに出来上がっていた。

ナイロビからジュバに入るルートは二つある。ひとつは、ウガンダ経由でニムレからジュバへ抜けるルートで、道路自体はこのルートのほうが整備されている。しかし、当時ウガンダはタンザニアと交戦中であった。このため、私たちは、もうひとつのルート、トゥルカナ湖経由でケニアから直接、南部スーダンへ入るルートを行くことにした。総行程は一二〇〇キロある。開設されて間もないルートで、雨季の終わりの時期でもあり、とくに国境付近のロキチョキオ（ケニア側）―カポエタ―トリット（スーダン側）のルートは道路状況がかなり悪いことが予想された。当初は、私と重田が運転し、福井さんと三人でジュバに向かうつもりでいたが、この悪条件を考慮して、プロのドライバー兼メカニックを雇うことにした。ドライバーの名前は、エドワード・カリウキといった。

車の整備には結局二週間を要した。ナイロビでの滞在は、計三週間に及んだことになる。ガレージから引き出した車に荷物を満載して、十一月二十二日、ようやくジュバに向けて出発した。ナクル―エルドレット―キタレと進んでリフトヴァレーの西側を北上し、二日目の夜をオルトゥムで迎えた。宿はなく、テントを張ってキャンプする。

オルトゥムから山を越えてトゥルカナ平原に降り立つと洗濯板状に路面が荒れた地道が続く。車窓から見える大地は、はじめは、灌木の茂る緑の絨毯に覆われているが、いつの間にか緑が少なくなって地肌がのぞき、灌木に変わってアカシアの疎林が点在するようになる。ロドワールから道を東に取り、その日はトゥルカナ湖畔のロッジに泊まることにした。

湖畔に立つと、風が強く波が荒い。ロッジまでは船に乗り換えて十五分ほどだというが、波の高さを見て戸惑っていると、船着き場近くの村の男性が村にとまれと案内してくれた。車を村の中まで乗り入れ、漁民の掘っ立て小屋の隣にテントを張る。私たちの作業を見に子供たちが大勢集まってきて、周りで踊りだした。その日の夕食は、トゥルカナ湖でとれた魚三尾とオックステールのスープ、それに飯盒《はんごう》で炊いた飯。子供たちの歌声が聞こえなくなった後も、波音が絶え間なく辺りを包み、その夜は、波音を子守歌に眠りについた。

翌十一月二十五日、トゥルカナ湖をあとにして、砂漠の中の道をロドワールまで戻る途中、突然トランスミッションの隙間から火花とともに煙が噴き出した。すぐに車を止め、チェックすると、ボルトが全部飛んでギアボックスが脱落し、底に穴が開いて、オイルがなくなっている。洗濯板道路による振動で、ボルトが外れてしまったのが原因らしい。四人全員総がかりで車の下に潜り込み、なんとか応急の修理をした。砂漠の真ん中で、こうして取り残されたときの気持ちは名状しがたい。ロドワールの修理工場に持ち込んだが、内部のギヤも欠け、修理は不能という。さすがに、ギアボックスの予備はもってきていない。ナイロビに戻って代わりのギアボックスを調達するほかない。ロドワールのホテルにまずは落ち着き、翌二十六日、重田とドライバーのエドワードが、ナイロビ行きの長距離トラックに便乗してナイロビに戻ることになった。

重田を送り出したあと、修理工場で、リア・サスペションの板バネを両輪とも二枚足して強化する作業を進めてもらうことにした。その作業の途中、テレビ番組の取材に来ていた日本映像記録センターの車の一台が、プロペラシャフトのジョイント部がつぶれたとかで、修理工場にやってきた。このあたりの洗濯板の道路は、よほど、車には負担になるらしい。

夕刻、映像記録の車が修理を終えて出て行ってしばらくすると、子供たちが、「アジャリ、ア

写真８　ケニア、ロドワールでの給油。こちらを向いているのが重田眞義。後姿が福井勝義さん。1978年12月撮影。

ジャリ」とスワヒリ語で叫びながら駆け込んできた。「事故だ、事故だ」というのである。先ほど出て行った映像記録の車がトラックとすれ違いざまにハンドルを切り損ねて横転、大破したという。それを聞いて、福井さんが、事故車を運転していたＨ氏の救援と、キャンプを張って取材中の映像記録のリーダーの杉山忠夫さんへの連絡のため、修理工場の車を借りて出て行った。杉山氏とＨさん、福井さんがそろって戻ってきたのは、夜の十時をまわってからだった。幸い、Ｈさんにけがはなかった。その夜は、皆で遅い夕食を取る。

重田とエドワードがギアボックスを手に入れて帰りついたのは、十一月三十日のことだった。あくる十二月一日、朝から早速ギアボックスを取り付ける。リアスプリングの補強も、すでに終わっていた（写真８）。翌十二月二日に、ようやくジュバへ向けて再出発した。カクマまでは、砂漠の中の一本道が続き、まさに無人境を行く。動物すらいない。カクマを過ぎて、左に山塊を見るようになると緑が増え始め、灌木と草に覆われた緑の絨毯が広がるようになる。夕刻六時前、ケニア側の国境ポストとなるロキチョキオに到着した。警察署でパスポートを見せ、その夜は警察署の敷地内の広場にある小屋に宿泊させてもらう。食後、警察署にシャワーを浴びさせてもらいに行った。国境のポストでシャワーが浴びられるとは思わなかった。シャワーを終えて夜空を見上げると、白鳥座の北十字星が北方の天の川にかかり、東の地平線のやや上にオリオン座がひときわ明るく輝いていた。夜空を見上げているあいだに、六つほど、流れ星を見た。夜風がひんやりと心地よい。

翌朝九時四十分、ロキチョキオを出発し、十一時には国境の位置にあると思われる河辺林を過ぎると、前には一面の草原が広がった。ここはもうスーダンだ。牛の群れに道をふさがれ、車を止めると、男たちが集まってきた。タポサの人びとだ。一人一人の顔に施された瘢痕の模様が違う。民族誌を通じて知識を得た人びとが暮らす世界に、実際に足を踏み入れたのだと実感する。

道は予想以上に荒れていた。平らなところでも、車のスピードメーターは十キロを超えることがない。しばしば、道がなくなり、車体で灌木を倒して進まなければならないところがある。道がついていても、輪だちの後に水がたまり泥沼状態になっているところが各所にある。そこにタイヤを入れずに車を前に進めることを求められる。また、水がなくとも、水流の跡を通過するときには、水で削られた荒れた斜面を登り降りすることになる。下りにかかるときと登りにかかるときには、車の後尾を岩にぶつけるし、斜面が水でえぐられていれば、車は大きく捻じられて今にも転倒しそうになる。幾度、四輪の代わりに、ブルドーザーについているキャタピラーつきの車が欲しいと思ったことかしれない。

昼食を済ませて、しばらく走ったあと、急にエンジンがうなりを上げたかと思うと前に進めなくなった。ぬかるみに後輪を取られて脱出できなくなったのである。左のリアが車体まで完全に泥に沈んでしまっている。近くに生えているソーンツリーを切って車の前後に埋めて四輪駆動で抜け出そうとするがびくともしない。次にマッドジャッキで車を浮かそうとするが、ジャッキ自体が泥に沈んで効力がない。さらに車の前方の木にワイヤーを結びつけ、車にもロープを結び付けて、両方の端をマッドジャッキにつないで、ジャッキを縮めて車を前に引きだそうとするがびくともしない。

福井さんが「あせったたって仕方がない。こういうときは、一番遠回りで根本的な方法でやってみるもんだ」と言った。車に載せた荷物をおろして車体を軽くし、タイヤの下の泥を掻き出して深さ一メートル近い穴を掘り、そこに石を詰め、乾いた土で固めるのだ。早い話が、道路の建設工事である。ところが、石を集めようとサバンナの草原に分け入ってもその石がない。どの方向に行けば石がありそうなのかもわからない。照りつける太陽のもとで石を求めてさまよううち、私は、自分の無力さに腹が立ってきた。このアフリカの大地では、自分がこれまで養ってきた知識や判断力は何の役にも立たない。自分の小ささをいやというほど思い知らされた。

苦闘三時間半、車の下に石を置き、ようやく四輪駆動で穴から脱出できた。二〇〇メートルほど進んだところで、トリットにあるキリスト教会系のＮＧＯのトラック二台に出会った。もう少し早く出会っていれば、トラックで引っ張ってもらって簡単に脱出できたに違いない。しかし、私は、泥濘からの車の脱出方法を学んだことに、むしろ感謝することにした。間もなく日没を迎え、その夜は、河辺林の中でテントを張った。疲れていたが、テントの設営がすむと、すぐに火を起こして、食事の用意にかからなければならない。夕食後、ふと見ると、車の後輪がパンクしていた。食事も早々にパンク直しにかかる。ここでも、福井さんにチューブの補修のコツを教えてもらった。フィールドワーク、それは、あらゆる生活技術の総称なのだと改めて思い知らされた。

翌日の昼すぎにカポエタ着。カポエタは、予想以上に開けた町だった。ゲストハウスもあり、その夜はそこに泊まることにする。

カポエタからトリットまでの道は、水流を渡る箇所の窪みにも橋がかけられ、ところどころに雨季のあいだに車が荒らした場所がある程度で、難なく通過できた。その日はトリットのゲストハウスに宿泊した。翌十二月六日、トリットを十一時に出発し、四時半にジュバに到着した。ナイロビからの走行距離は一五〇〇キロ。二週間を要した。ジュバを出て二週間で戻る予定が、都合一か月と五日を費やしたことになる。

それぞれのフィールドへ

栗本は、五週間も一人で待たされて、さぞ心配していただろうと案じたが、さほどでもなさそうだった。ジュバ大学の学生寮を根城にバリ人の村に通い、家財道具の悉皆調査などをこなしていた。

一方で、MBS毎日放送の取材班の日程についての連絡が入ってきた。十二月十七日にディレクターの太田恒一さんが日本を発ち、一足先にハルツームに入って取材許可取得等の交渉を進め、カメラマンの北川高さん、音声担当の川内康弘さん、技術調整担当の岩澤博志さんの残り三人と二十五日にハルツームで合流するという。その後、六日にジュバに入り、南部スーダン滞在は二月の五日まで。この間、約一か月間、われわれの定住地で取材をするというのが、取材班の日程であった。

しかし、その私たちの定住地がまだ定まっていない。早速、南部地方政府情報文化省の文化局局長代行で民族誌博物館主任研究員のカスト・オレマ・ダニエルから情報を得ながら、いくつかの候補を絞り込んだ。オレマは、内戦中、ウガンダの名門マケレレ大学で美術を修めて帰国した。彼自身アーティストでもある。

牧畜社会もしくは半農半牧の社会で定住したいという栗本、栽培植物の起源地の可能性のある地域で農耕を主たる生業とする社会に入りたいという重田、彫刻や仮面の伝統をもつ社会に入りたいという吉田の三者三様の関心に対して、オレマが候補に挙げたのは、半農半牧の社会としてはナイル東岸のラフォンという土地に集住しているロコロ（自称はパリ）の人びと、農耕社会としては、やはりナイル東岸のマグウェ周辺のアチョリの人びと、そして木彫の伝統をもつ社会としては、ナイル西岸のマリディ周辺に住むボンゴの人びとだった。

まずは、政府と交渉してガソリンを確保しなければならない。十分なガソリンの確保に、また一週間を要した。福井さんは、ジュバについてから体調をくずし、満足に歩けない状態になっていた。私たちとそれ以上同行するのはあきらめ、飛行機でナイロビへ戻ることになった。

十二月十四日、栗本、重田と私の三人でジュバを発った。その段階では、ロコロ、アチョリ、ボンゴの社会を、それぞれ一週間程度視察し、相互に比較する視点を得たうえで、定住地を選択する予定でいた。まずはナイル東岸へ向かう。その日はトリット泊。翌日、トリットの警察に挨拶をして、「関係各位」あての紹介状をもらい、午後はロコロ訪問で使う荷物と、アチョリ訪問で使う荷物を分け、不要なものをトリットにデポする算段をした。翌十六日、三人そろってまずロコロの人びとの住むラフォンへ向かった。

出発前に集めた情報では、ラフォンは広大なサバンナの中にある島のような大きな岩山の周りに、一つの民族集団が固まって住んでいるという。ロコロとは、周囲に住むロトゥコ人などがこの集団を呼ぶ際の他称で、自称はパリというらしい。周囲からみても、また自己認識としても、ひとつの民族集団という意識をもっている人たちが、岩山の周りに集住する。しかもその総人口は一万一千を数えるという。アフリカの中でも、きわめて特異な例といっていい。

エレファントグラスをかき分けるように車を進める。昼過ぎ、はるかかなたに饅頭のような山が見えてきた。ラフォンの山だ。

牛の群れに道を遮られた。数百頭はいるだろう。エンジンやクラクションの音にも「われ関せず」と水場に悠々と歩いていく。川では、人びとが水浴びの最中だった。上半身裸の子供たちが輪

写真９　ラフォンの山の中腹から村を望む。円錐形の草葺の小屋が山の周囲をぐるりと囲む。南部スーダン。1978年12月撮影。

になって踊り興じている。川を渡ると、そこがラフォンの村だった。とんがり帽子のような円錐形の草葺の小さな家が、山を囲むように密集し、まるで山が首飾りをしているように見えた（写真９）。

まず、政府に任命された村のチーフ（村長）の家を訪ねる。蜂蜜から作った酒をふるまわれ、大歓迎された。そのチーフの案内で、伝統的な首長のもとに挨拶に行く。この首長は雨をコントロールする力を持ち、「雨の首長」として知られているという。

老齢に達した首長は、広場の片隅の木陰に椅子を出し、午後のひと時を憩っていた。チーフを介して、

「私たちは日本という遠い国から来た学生です。この村のことをいろいろ教えていただきたくてやってきました……」

写真10　村はずれにテントを張ると、子供たちが集まってくる。現地の言葉は、まず子供たちから習う。ラフォン、南部スーダン。1978年12月撮影。

というと、首長は、同じくチーフに通訳させて、

「この村へようこそ。村がお気に召したならどうぞ滞在してください」

と、言った。

「マディノ」

今教えてもらったばかりの挨拶の言葉を返すと、集まっていた人たちのあいだから歓声が上がり、握手攻めにあう。人の好さそうな村人たちの顔。こちらにも伝わる手のぬくもり。これほど多くの人たちと握手をしたのは、はじめてだ。「村入り」はまず成功した。さっそく村はずれにテントを張る。子供たちが集まってきて、気恥しそうに握手を求めにくる（写真10）。夜、満天の星。ハイエナの声がやけに近い。

車のトラブル連続

ラフォンには、三泊しただけで、十二月十九日には、いったんトリットに戻った。トリットで、栗本、重田と、それぞれのフィールドに持ち込む物資の調達と分配をし、二十八日、一日でラフォンまで往復して、栗本をラフォンに送り届けた。翌二十九日、重田のアチョリの地域でのフィールドの選定と村入りを支援するため、マグウェに向かった。車の通行が少ないのか、いい道が続いた。思わずスピードが上がる。「あっ、大きな穴！」と、前方の障害に気づいてブレーキを踏んだ。穴は回避できたが、少し前輪を穴の壁にぶつけた衝撃があった。すぐに、異常音がする。車を止めて、点検すると、なんと、前輪のスプリングとシャーシの取り付け部のリベットが外れ、金具も折れている。「またしても」。暗澹たる気持ちになった。時速五キロでトリットまで戻るほかなかった。

トリットには、ノルウェーのＮＧＯのステーションがあり、車の修理工場も備えていたが、クリスマス休暇であと一週間は閉鎖されたままだという。軍隊の駐屯地の中の修理工場にも出かけたが、最低正月明けまで待つしかないという。トリットのゲストハウスの虱だらけのベッドで、年を越すしかないようであった。一九七九年一月一日。私と重田は、永谷園のマツタケのお吸い物に焼いた餅を入れ、雑煮にして、新しい年を祝った。

それにしても、どうしてこうまで、車のトラブルに悩まされるのか。今、こうして当時を思い出して原稿を書いていても、トラブルの多さにあきれ返ってしまう。ナイロビでおんぼろの車を手に入れてしまったというのも一因だが、周りでも横転や前転の事故、駆動系の損傷でトラブルが多発しているのを見ると、そもそも自動車という利器が通用する条件を、この南部スーダンの上ナイル一帯の環境は満たしていないのではないかという気がしてくる。その日その日の目的地に無事に着くたびに、ああ今日一日無事だったと思う。それが重なるなかで、これだけ多くの車のトラブルに見舞われて、私自身が無事でいることが不思議に思えてきた。自分がこうして無事に生きていることが、どうしても自分の力によるとは思えない。何か大きな力に生かされているように思えてきたのである。私のなかで、何かが少しずつ変わろうとしていた。

一月二日、軍隊の修理工場が開くのを待って、スプリングの修理をし、三日には、重田をマグウェの先のパロタカに送り届けた。重田とともに広域を回って彼の定住地を選択する時間の余裕はなくなってしまった。トリットで集めた情報を頼りに、重田はこの小さな町パロタカを根城に、足で定住地を探してみるという。私は、その日中にトリットに取って返し、翌日ジュバに戻った。MBSの撮影クルーがジュバに到着したのは、その翌々日、一月六日のことである。

私が、ナイル川西岸の仮面や彫刻の伝統をもつボンゴの人びとの地に予備調査に入る時間は無くなってしまった。すでに計画全体の半部以上の時間が経ってしまっている。私自身は、まだ、何もしえていない。本当に、この計画は完遂できるのだろうか。不安が胸をよぎる。

映像取材

MBSの取材班とともにラフォンへ戻ったのは、一月十四日のことだった。栗本は、すでに、この村とここに住むパリの人たちについて、かなりの情報を集めていた。
ラフォンの村は、ウィアトゥオ、コル、アングロメレ、プチュア、プゲリ、ブラの六つの集落からなる。各集落には、伝統的な首長がいる。もとは、どの集落の首長も雨をコントロールする力をもっていたというが、現在は最大集落のウィアトゥオの首長だけが、その力を維持し「雨の首長」と呼ばれている。

パリの社会では、八歳以上のすべての男性は、三〜四年の幅で形成される、個別の名をもつ年齢組に所属する。このうち四十代から五十代前半の年齢組によって構成される「壮年」（モジョミジ）の階梯の男たちの合議制によって集団にかかわる政治的な決定がなされる。先にみた各集落の首長は、儀礼的な力はもっていても、政治的な権力を備えてはいないのである。「壮年」より上の年齢の男たちは「長老」（チドンゲ）、年下の男たちは「若者」（アウォペ）の階梯に属する。男たちは、年齢を重ね、新しい年齢組が組織されるにつれて、この年齢階梯を上昇していくことになる。

栗本は、プゲリ集落の長老リボワガに息子として養取され、「アジェリ」という名前をもらっていた。私は、コルの首長マティアの息子のマークと仲良くなり、彼に聞き取りの手助けをしてもらうようになった関係から、首長マティアの息子として、ウクムという名をもらった。マティアの父の名前だという。

取材班は、村の中の様子や家の構造、調理や食事の風景などを丹念に映像に収めていった（写真11）。どこへ行っても、モロコシで作ったコンゴと呼ばれる酒や食事をふるまわれる。ヒョウタン

写真11　モロコシの粉をひく女性たち。長年の使用で、岩がくぼんでくる。ラフォン、南部スーダン。1979年１月撮影。

の容器になみなみと入った酒を皆で回し飲みし、モロコシの固粥を手で丸めて団子状にして、土器で煮る肉の汁につけて食べる。肉は、野生動物の干し肉が主だ。かたくてなかなかかみ切れないものが多いが、とりわけゾウの肉には閉口した。私がかみ切るのに難渋していると、男たちが、「その肉は足の肉だ。とくに固い」と笑った。

映像取材を始めて十日ほどたった日、巻き狩りに同行した。アクイヤと呼ばれる日帰りの狩りだが、すべての集落の男たちが参加する大規模なものだ。主な獲物はさまざまな種類のカモシカの仲間だという。

日の出とともに猟場の端に集まった男たちは、集落ごとに集団に分かれて狩りの始まりを待つ。三千人はいるだろう。手ごたえを確かめるように槍をしならせたり、手入れをす

写真12　パリの人びとにとって、狩りは、単なる食料獲得の手段を超えて、誇りであり生きがいでもある。この日、日の出とともに狩りは始まった。ラフォン、南部スーダン。1979年1月撮影。

る男たち。その穂先が朝日にきらりと光る（写真12）。

二方向に分かれて集団が移動していくのだ。円陣を組み、その円を徐々に狭めていく。はじめのうちは、皆、もの憂そうに歩いている。村にいるときも男たちは、昼間から酒を飲んで寝そべっている。本当に、彼らに狩りなんかできるのだろうか……。

しかし、草むらからガサリという音がして動物の気配がした途端、彼らの目の光は変わった。緊張感が走る。草を分ける足音以外、物音ひとつしない静寂があたりを支配する。

「あそこだ！」。近くにいた男が、私に目配せで獲物のありかを示してくれた。聞き返す間もなく、その男は獲物に向かってすっ飛んでいった。「クワァイ、クワァイ、クワァイ」。奇声をあげて男たちが走る。必死で逃げ惑う

写真13　獲物を追う男たちの体は、弾力そのものだ。背の高い草の上を、カモシカに負けず劣らず、その鋼のような肉体が飛び交う。ラフォン、南部スーダン。1979年１月撮影。

カモシカ。至近距離に獲物が来るのを待って上から突き刺す。ふと見まわすと、もう至る所で奇声と歓声が上がっていた。彼らの体は弾力そのものだ。背の高い草の上を、カモシカに負けず劣らず、その鋼のような肉体が飛び交う。少し離れたところで、槍がカモシカに命中する。空中をスローモーションのように飛んでいたカモシカの体がドサリと落ちた（写真13）。

倒れた獲物に男たちが一斉に群がる。どうやって肉を分けるのか。それを見届けようと走り寄ったが、そのときにはもう獲物は切り分けられ、男たちが持ち去ろうとするところだった。その間、二十秒とたっていない。右後肢は一番槍、左後肢は二番槍の取り分となる。

女たちは、水を満たしたヒョウタンを頭にのせて、村はずれまで男たちを迎えに行く。肉を携えた夫が帰ってくると、その場で夫に水を飲ませてやる。空になったヒョウタンの容器に夫から渡された肉を入れて頭にのせ、ともに村へ帰ってくる。アクイヤの巻き狩りは、パリの村を挙げての儀礼としての性格ももっている。

ダンスの夜

取材班は、このラフォンの村の映像素材の豊富さと限られた滞在期間とを考慮して、取材は、このラフォンだけに集中することを決めた。その旨を、アチョリの地域にいる重田に伝えに行かなければならない。トリット経由で、片道一五〇キロはある。ディレクターの太田さんとカメラマンの北川さんを残して、川内さん、岩澤さんと私で、重田のいるパロタカへ日帰りで向かうことにした。

重田は、パロタカ地区のロトロ村を拠点に調査を進め、腊葉《さくよう》標本を作製して、アチョリの人びとの生業と栽培植物に関するデータを着実に集積していた。日本の家族から取材班が預かってきた手紙や食料なども彼に届けた。途中、またまた車のトラブルに見舞われ、ラフォンに帰り着いたのは、夜の十時ころであったと思う。村へ着けば遅い食事にありつけると期待しながら、テントサイトに帰ると、太田さんと北川さんが待ち構えていた。

「夜のダンスがある。このまますぐにダンスの広場へ行ってくれ」

と言う。このときはさすがに「そんな殺生な」、と思わず口にした。悪路を三〇〇キロも走り、空腹を抱えてやっとたどり着いたのに、食事もなしで、撮影にかかれというのである。しかし、ダンスの映像が、次にいつ撮れるかはわからない。仕方なく、撮影機材を積んで、車を別の集落の広場にまで移動させる。
広場に着くとすでにダンスは始まっていた。闇の中に白いダチョウの羽根飾りだけが浮かび上がって揺れている（写真14）。耳をつんざく女たちの叫び声。女たちは、腕に着けたオナガザルの尾の毛でできた白い房を、あたかも人を誘うかのようにたなびかせる（写真15）。男たちの跳躍の動きに合わせて、腕に着けた鈴が小刻みに鳴る。そして大地を揺るがすドラムの音。周期的に繰り返されるドラムの単調なリズムに、あたかも大地が鼓動しているかのように感じられる。ドラムは、踊りの輪の中央に据えられていた。よく見ると、男女はドラムの周りに同心円状に並び、緩やかに時計回りに回転しながら進んでいることがうかがえた。

その夜のダンスは、広場にあるドラム・ハウスの周りの木柵を新しく建て替えたのを祝っておこなわれたという。このパリの社会では、こうした各集落の中心施設の建て替えにあたって集落単位で踊りが催されるほか、「ニャラム」と呼ばれる新年を祝う儀礼や、十数年おきにおこなわれる村の政治を司る年齢組の交代の際の儀礼「レモンゴレ」など、節目節目の機会に、ドラムを用いた大規模な踊りが組織される。ドラムのリズムは、各集落を構成する親族集団ごとに異なっているといい、ドラム・ダンスの際には、各集団が交代で自分たちのリズムでドラムを打ち鳴らす。

ダンスは、死者の葬儀にあたってもおこなわれるが、その際はドラムをたたくことなく、また踊り手は歌に合わせて垂直方向に跳躍を繰り返すだけだという。

ダンスの際に、人びとは、性別や年齢に応じて厳密に定められた衣裳を身に着ける。村の政治を

写真14　闇の中に、白いダチョウの羽根飾りが浮かび上がる。壮年の男たちは、踊りの際、頭に豪華なダチョウの羽根飾りをつけ、体にはヒョウ皮をまとう。ラフォン、南部スーダン。1979年１月撮影。

写真15　女性は、踊りに際して、ビーズの飾りを額や首、胸に着け、やはりビーズで縁取りをしたヤギの皮を腰に巻く。左手にはオナガザルの尾でできた白い房を持ち、右手には好みの品を持つ。ラフォン、南部スーダン。1979年１月撮影。

担当するモジョミジの階梯の男たちは、頭に豪華なダチョウの羽根飾りをつけ、体にはヒョウの皮とコロブス（サルの一種）の皮とスカートをまとって、槍を手にして躍る。長老たちは、頭にダチョウの羽根を一本さすだけである。若者たちは、体に黒、黄、白の泥を塗り付ける。女性は、ビーズの飾りを額や首、胸、腰につけ、やはりビーズで縁取りをしたヤギの皮をまとう。左手には、オナガザルの尾の毛でできた白い房を持ち、右手には自分の好みの品を持つ。伝統的には、薪を割る斧の小型のものが用いられたらしいが、その夜の女たちの手には、斧やホウロウの鍋の蓋を持つ者もいれば、自転車のハンドルや蛍光灯、殺虫剤のアースの空き缶を手にしている者もいた。

パリの社会には「外から来たものは良いものだ」という言葉もある。外部のモノをいち早く取り入れるその姿に、そのときの私は、「近代文明」の波をうけた「伝統」の変容の様を見た。今の私なら、それは外部のものをいち早く取り入れようとする「伝統」そのものの表れだととらえるが、当時の私には、パリの人びとの社会は、アフリカの「奥地」で外部から閉ざされ、「伝統」を守ってきた「未開社会」そのものとして映っていた。そして、外来の要素は、その「伝統」を壊す、「近代化」の波としかとらえることができなかったのである。パリの社会が、植民地勢力とさまざまな交渉をもち、カトリックのミッションの布教や学校の制度を受け入れて現在に至っているという、あたりまえのことに気づくには、まだしばしの年月を要することになる。

取材班を送り出す

ＭＢＳの映像取材は成功と言えた。円錐形の家が群がるおとぎ話のような村の風景。精悍な巻き狩り。「近代化」の波を映す、「伝統的」な踊り。取材班の滞在の最後の夜、さまざまな映像を収めたビデオをモニターで再生し、子供たちに見せると、子供たちばかりか大勢の村人が詰めかけ、目を輝かせて画面をのぞき込んだ。その姿もまた映像にとらえる。番組作りに必要なビジュアルの素材は十分に得られたようだった。

二月四日、私の運転で、取材班はラフォンの村を離れた。その日はトリットで泊まり、翌五日、ジュバに向けて車を運転していると、一時間も走ったところで、私はどうにも運転が続けられなくなり、ドアを開けて外に転がり落ちた。太田さんと運転を交代し、後席に座って車に揺られるが、体をどちらに向けても苦しくてたまらない。ジュバに着き、体温を測ると三十九・三度だった。マラリアの予防薬はきちんと飲んでいたから、マラリアにかかることはないとたかをくっていた。アスピリンを服用して熱は少し下がったが、夜半にまた三十九・七度に上がる。これはもうマラリアとしか思えない。マラリア予防用に飲んでいたダイメトン（スルファドキシン）とダラプリム（ピリメタミン）を治療用に四倍の量を服用する。翌七日になると、熱は少し下がったが、今度は薬の副作用で胃腸を壊し、起き上がれなくなる。気力もなえてきた。大学は休暇の期間に入って、構内には教官も学生も一人もいない。

九日、なんとか気力を振り絞って、ＭＢＳの取材班を空港まで見送り、大学の宿舎に戻るが、十日の夜には、また三十八・二度まで熱が上がる。その熱を測ってからしばらくのことは覚えていない。夜十二時ごろのことだと思う。前後不覚になってうなっていたときのことだろう。大学のすべての部屋のマスターキーを持っている、聾唖の障がいをもつ用務員の老人が、ミルクのたっぷり入った熱い紅茶を持ってきてくれた。きっと見回りの最中に私が苦しんでいるのに気づいて、わざわざ湯を沸かして持ってきてくれたのだろう。さもないと、こんな時間に紅茶があるわけがない。

うまかった。うれしかった。老人が天使に見えた。熱い紅茶を飲んで、熱も少しは下がったのだろう。意識もはっきりしてきた。老人は、まさしく私の恩人だ。

それから数日はベッドでごろごろして過ごした。昼間には、情報文化局のオレマが様子を見に来てくれる。彼は、私の部屋へ来るたびに、切々と、日本へ行きたいという希望を訴え始めた。まずは日本語を学びたいという。彼の熱意に動かされて、手持ちの和英辞典を貸してあげた。

二月十四日、熱も平熱にもどった。最後の移動のため、ガソリンの確保に回る。とても一日では必要量は得られない。二、三日はかかりそうだ。病み上がりの私にオレマが付き添って、いろいろと気を配ってくれる。

帰国前のジュバでの滞在、さらにその先のハルツームでの滞在の期間を考えると、もう二週間しかフィールドワークに残された時間がない。しかも、ラフォンにいる栗本と、パロタカにいる重田を迎えに行く時間を考えると、実質的には十日しか使えない。ナイル西岸のマリディへ行って、仮面や彫刻の伝統をもつボンゴの社会を見る時間はなさそうだ。むしろ、ラフォンに戻り、し残した調査を完遂するほうが得策と判断するしかなかった。この上ナイル踏査で、私の仮面の調査の機会は、この段階で失われた。

残る日々

ラフォンの村へ戻ってからは、面白いように調査が進んだ。ジュバのベッドの中で、必要な調査項目を洗いだしていたので、それを順に聞き取りしていくだけで、驚くほどの量の情報が集まった。まず、子供たちには、「何でもいいから絵を描いて」と画用紙とクレヨンを渡した。それに、ラフォンの周りの空間の分類、コルの集落の戸別の家族構成、親族集団の系譜、一年の農事暦とそれに対応した儀礼の内容、家の建て方、土器の作り方、人びとが体につける瘢痕の模様、ダンスの種類と、そのとき身に着ける装身具の詳細の把握、そしてパリ語の語彙集の充実と、とくにモノに関する評価の語彙と用法の調査。いずれも、前回の滞在で手を付けながら、途中で止まっていた作業である。最後のモノの評価に使われる語彙の用法の収集は、パリの人びとの美意識を何とか解き明かせないかと考えて始めた調査であった。

彫刻や絵画の伝統をもたないパリの人びとの美意識の発露の場は、彼らの身体そのものに求められているように思えた。しかも、その装身に使われる素材は、男性の場合もすべて野生の動物の羽根や毛皮、女性の場合はヤギ皮のスカートを除けば、外来のビーズや品物ばかりである。さらに、日本語でいえば、「美しい」にあたる「ウォップ」、「整っている」にあたる「ポス」、「よい」にあ

写真16　朝、村を出て、放牧地に向かう牛の群れ。牛はパリの人びとにとって、貴重な財産であり、ミルクやバターの供給源でもある。牧牛は、子供たちの仕事とされる。ラフォン、南部スーダン。1978年12月撮影。

たる「ベル」といった語彙が、山や岩、野生動物といった自然物に対しては用いられず、家畜や人の手の加わったものに対してだけ適用されるというのも、興味深い発見であった。たとえば、動物のヒョウ自体は、美しいとかよいとか言わないが、加工されたヒョウの皮は「美しい」「整っている（すべすべしている）」「よい」と評価されるのである。村の内と外という空間の分類が、どこかで、人びとの美意識につながっていることがうかがえた。

子供たちの絵からは、予想外の結果が出た。当初私は、子供たちは、牛の絵を描くのではないかと考えていた。牧牛は子供たちの仕事であり、雨季の草のある時期は村で飼う牛も、乾季には、村から十数キロ離れたキニエティ川沿いに築かれるキャンプに移され、子供たちはそこで牛とともに生活する。牛は子供たちにとって最も身近な存在である（写真16）。ところが、子供たちの描く絵といえば、ゾウやキリン、バッファローなど、野生動物の絵ばかりなのである。その絵の下に、小さく狩人の姿を描く。牛は出てこない（写真17）。そういえば、大人の男たちも、一番槍をついた男は、その獲物の右耳を持って帰り、村の中央の集会場に飾っておく。一度狩りに行くと仲間同士でその狩りの歌を作り、自分たちの歌にする。狩りは、パリの男たちにとって、単に食料を獲得する手段というよりも、生きがいであり、誇りであるらしい。このことと、この社会で牛が重要な婚資であり、財産であることとどう結びつけて良いのだろう。すぐには、答えが見つからない。

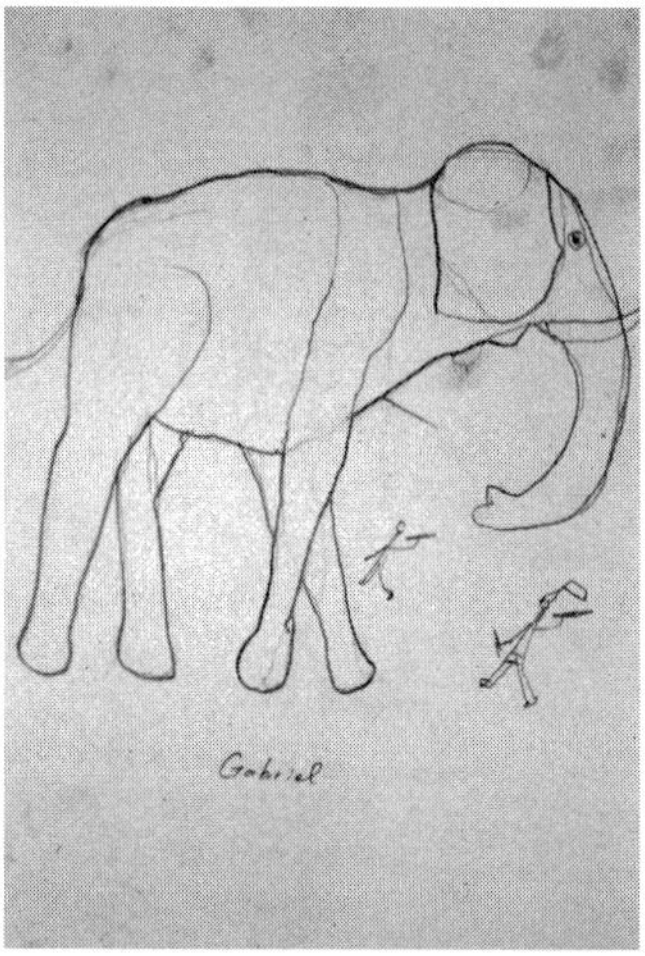

写真17　パリの子供たちの描いた絵のひとつ。牛は登場せず、野生動物ばかりが描かれる。ラフォン、南部スーダン。1979年1月撮影。

まだまだ知りたいことはいくつもあった。昼間の陽光のもとでおこなわれる盛大なダンスをこの目で見る機会も得られなかった。心残りはもちろんある。しかし、最後の十日で、それまでばらばらに集まっていた情報が、糸で結ばれるようにつながり始め、疑問も含めて一つの像を結び始めたことに、私はそれなりに満たされたものを感じていた。その達成感と、目的の地にたどり着けなかった挫折感。そして、牧畜を主たる生業とする集団でなぜ仮面の使用が確認できないのかという疑問。私は、それらが入り交じった複雑な思いを抱いて、ラフォンでの最後の夜を迎えた。

二月二十八日、栗本ともに、ラフォンを離れる。トリットでパロタカから自力で出てきてくれた重田と合流し、三月二日ジュバに戻った。

帰国

ジュバへ戻った翌日の三日朝、オレマが「おはようございます」と日本語であいさつをしてはいってきた。彼は、私が貸した和英辞典をすべて筆写し、日本語をかなり覚えていた。この間、役所の仕事をしていたかどうかは別にして、彼の熱意が本物であることは認めざるをえなかった。

日暮れ近く、二人でビールを飲んでいた。いつもはよくしゃべる彼が、しばらく黙っているなと思っていると、

「今、日本のビアガーデンでビールを飲んでいるときのことを考えていた」と、切り出した。

「私はじっと机の前に座っていたくはない。この国を見てくれ、人びとの生活は苦しい。道路はここほど悪いところはない。通信手段もない。人びとは、何が快適な生活かも知らない」

「知らないで満足している以上、知る必要もないじゃないか。本当の意味での快適さが日本にあるとも限らない……」

私はそう言いかけたが、彼の迫力に負けた。

「日本の人びとは活動的だ。君たちを見ていてつくづくそう思う。そんな国へ行って視野を広げたい。少しでもこの国の将来に道を開きたい」

と、いよいよ熱っぽい。こうした人物がいない限り、歴史は進んでいかないのかもしれない。私も何とかしてやりたいと思い始めていた。

しかし、オレマの熱望の前には大きな障害がある。正式の政府留学生になる道は閉ざされている。北部のアラブ人によって占められている中央政府が、南部人からの申請を受け付けないからだ。

「自分の金で行くしかないんだ。今、行くだけの金はある。行けば地べたを這いずり回っても生きていく。それに、なんといっても君たちがいるからな」

私たちが彼のことをスーダン随一の親友だというと、オレマは腹を立てた。

「スーダンだけは余分だ」と。

帰国の準備が始まった。私たちの乗っていた車はジュバからウガンダ経由の陸路でナイロビにトラックで輸送してもらうことにした。ウガンダとタンザニアの戦闘はまだ続いていたが、輸送には問題がないという。すでに、国境を超えてナイロビまで自走して戻る余力は、この車にはありそうになかった。収集した物質文化は、梱包してその車に乗せた。私たちも、いったんナイロビへ飛び、荷物を受け取って、日本へ発送してから、帰国することにした。三月二十七日、重田が帰国。私と栗本はハルツーム経由で、四月四日に帰国した。

帰国後、ＭＢＳが製作した番組は、四月二十二日、「消えた女王国の謎――ナイル源流をさぐる」

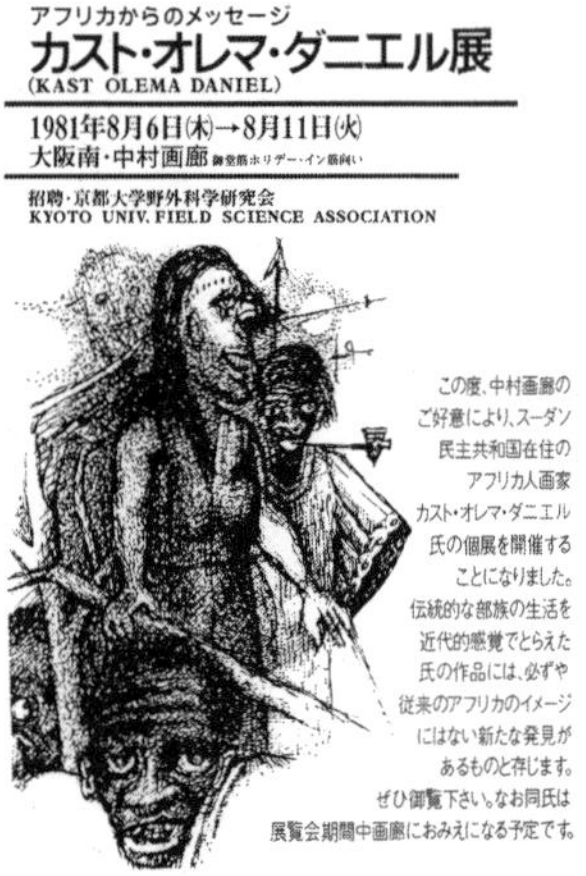

写真18　南部スーダンに赴いた仲間で資金を出し合って、世話になったカスト・オレマ・ダニエルを日本に招き、大阪南の画廊で彼の個展を開催した。写真は、その展覧会の案内状。

というタイトルの一時間半の番組で放送された。私たちの隊の報告は、五月三日から五月三十日まで毎日新聞の全国版紙上で十五回にわたって連載された。

その連載が終わった翌日、一九七九年の五月三十一日には、京大会館で上ナイル踏査隊の報告会を開催している。

顧問の高谷さんにまず「学生と海外遠征」というタイトルで講演していただき、次に福井さんから「スーダン南部の文化的位置づけ」という題で講演をしてもらった。そのあと、栗本が「家畜と人間——ロコロ族の事例から」、重田が「アチョリ族の生業活動」、そして最後に私が「ロコロ族の空間認識と美意識」というタイトルの報告をした。高谷、福井の両先生には、学部の三回生・四回生の学生のためにここまでご支援をいただいて、頭が下がるばかりである。この上ナイル踏査隊は、結局、京大の歴史のなかで正式に登録された最後の学生探検となった。以後、海外旅行の自由化と個人化が進み、隊を組んで未踏の地へ行くというスタイルの遠征はみられなくなったからである。

二年後の一九八一年八月、このプロジェクトにかかわった吉田、栗本、重田の三人と、ＭＢＳの取材班の太田、北川、岩澤、川内の諸氏で資金を出し合ってオレマを日本に招待し、八月六日から十一日までの期間、大阪・難波の中村画廊で、「アフリカからのメッセージ——カスト・オレマ・ダニエル展」という、彼の作品を紹介する展覧会を開催した（写真18）。私たちは、彼の私たちに対する支援への感謝の気持ちを込めて、彼の熱意にこたえたかったのである。

第二章　仮面の森へ――ザンビア・チェワの社会をめざす

大学院に進む

自らプロジェクトを立ち上げたにもかかわらず、結局、自分の最大の関心事である仮面の調査が実現できなかったことで、私は不完全燃焼の思いを募らせていた。また、自身が目にしてきた牧畜や狩猟を中心とする社会でなぜ、仮面の製作が確認されないのかという疑問もずっと私の脳裏につきまとっていた。四回生に復学した私は、アフリカでの経験を基にして、農耕・牧畜という生業の別と、仮面製作の有無との対応についての考察を中心とした卒業論文をまとめた。ただ、専門家のいない京大の美学美術史の大学院に進むことに限界を感じて、大阪大学美学科の大学院に進むことにした。そこには、木村重信教授がおられた。先史美術と現代美術という、従来の美術史学・芸術学が対象にしてこなかった、時代的には両極端の分野を専門とし、私が分け入ろうとしていた分野にもっとも近い、日本で唯一の先達であった。京大美学の出身であるが、京都大学大サハラ学術調査隊の、美術考古班、自動車隊の隊長として、サハラを縦断し、サハラの岩面画を精緻に調査したのも、木村先生であった。当時、阪大の美学科は、南米、中東、インドの美術や、インドネシアの音楽や舞踊など、従来の日本の美術史・芸術学の学界が対象にしてこなかった地域の芸術を研究しようという学生が全国から集まる、梁山泊のような様相を呈していた。私も、その門をたたいたのである。ただ、急な進路の変更で、大学院への進学まで、大阪大学文学部で一年間の研究生の期間を経験した。私が、阪大の大学院に入学し、正式に木村先生の指導を受けるようになったのは、一九八一年四月のことである。京大関係の大先輩の先生方には、今西さん、梅棹さん、米山さん、福井さんと、「さん」づけで呼べるのに、なぜか、木村先生だけはいまだに木村さんとは呼べない。学風の違いからくるのかもしれないが、本書でも、その風にならって、木村先生だけは先生と呼ばせていただく。

仮面をめぐる従来の民族誌には、仮面をかぶることで、かぶり手は精霊に変身する、とか、仮面をかぶって登場する踊り手は、すでに仮面をかぶる前の人格ではない、それは精霊そのものである、といった表現が頻出する。しかし、同じ共同体にいて毎日顔を合わせている間柄である。仮面の踊りを見る者にとっても、それが村の誰かが仮面をかぶって演じていることぐらい百も承知のはずである。ならば、なぜ、彼らは精霊そのものになるなどといわれるのか。そのあたりのからくりを、仮面の結社の内部から解き明かしてみたい。仮面の研究を志した私は、いつしかそう強く念じるようになっていた。

とはいえ、秘密結社ともいわれる仮面結社に、そうやすやすと加入が許されるはずもない。仮面結社の調査には、優に一年を超える時間が必要だと思われた。その社会の一年間の生活のサイクルを把握するうえでも、一年以上のフィールドワークは必須となる。半年のフィールドワークで、実質的に二か月ほどの滞在しかできず、農事暦に対応したさまざまな行事の内容を聞き書きに頼らざるをえなかったスーダンでの経験は、少なくとも丸一年は、人びとの生活に密着する必要を私に痛感させた。そのため、修士課程の二年間のあいだに長期のフィールドワークに出かけ、修士論文をまとめることはあきらめた。修士論文は文献研究で早く書き終え、博士課程に進学してから二年にわたるフィールドワークを実施しようと決めた。

「象徴論」との格闘

修士論文のテーマには、欧米での研究の蓄積が豊富で、文献もそろっている西アフリカ・ナイジェリアのイボ社会の仮面にみられる色彩のシンボリズムを取り上げた。イボの社会では、白く彩色された仮面をかぶる「美しい精霊」と称される踊り手の優雅な踊りと、黒く彩色された「醜い精霊」の凶暴なふるまいの対照が強調される。白と黒という色彩の区別と、精霊の分類、踊り手の動作の区別は明瞭で、他の儀礼の文脈での色彩の使用と照らしあわせて、色彩の「意味する」ところは明らかに抽出できると思われた。七〇年代の末、当時はまだ構造主義全盛の時代で、レヴィ＝ストロースの『野生の思考』や『神話論』の全編を読まないで大学に通うことは、はばかられるような雰囲気があった。イボの仮面にみられる色彩の対照は、二項対立をもとに構成されるイボの世界観の構造を見事に表象しているようにみえた。

しかし、文献から色彩の使用例の情報を集めれば集めるほど、色彩の「意味」を規定できないことが明らかになってきた。私たちが、「象徴」という言葉を使うのは、その対象をそれ自体としては理解せず、それとは別の何かを意味するものと想定するときである。しかし、たとえば、儀礼の場など、「象徴」と思しきものが使用される場に立って、その意味を問うとき、私たちがしばしば出会うのは、「それがしきたりだ」という答えである。

「象徴」を何らかの意味を表現するものだとする信念は、文化をコミュニケーションの体系とみなし、言語をモデルにしてそれが分析可能だという記号論的な仮説が喧伝されるに至ってさらに強化された。なるほど、「象徴」が特定の意味を担うものとして説明されるという事例は、数多くの民族誌のなかに頻繁に確認できる。しかしながら、「象徴」は言語と異なり、まずもってその意味を一義的に定められない。

手を振るという例を取り上げてみよう。列車の出発に際して車中の者に手を振ることは、別離後の相手の奮闘を鼓舞すること、さらには相手の魂の鼓舞、いわゆる「魂振《たまふり》」の意味をもつと解釈されるかもしれない。あるいは、それは、別離の悲しみを意味するというべきかもしれない。また、人によっては、別れに際して手を振るのは、行為者と車中の者とが恋人どうしであることを意味するものと受け取るかもしれない。ここで指摘できるのは、「意味」というのが、きわめてあいまいな概念だということである。この例では、「意味」という語によって、行為の機能、行為の原因、行為者の属性が指示されている。しかも、われわれは、そのうちのどれが手を振るという行為の真の意味であるかを確言することができない。「象徴」は言語その他の記号と異なり、意味するもののと意味されるものとのあいだに一対一の対応をもってはいないのである。

とはいえ、ただこれだけのことなら、言語と「象徴」との違いは、指示媒体と指示対象との結びつきの強弱の違いでしかないとも考えられる。しかし、この両者は、少なくとも次の一点において決定的に異なるといわなければならない。それは、意味を知らずに「象徴」が用いられることはごく普通にみられるが、意味を知らずに言語を用いることは、通常の発話ではけっしてありえないという点である。このことから、「象徴」にとって、意味は不可欠の要素でないことが了解される。「象徴」の本質は意味作用にはないのである。私が、修士論文で格闘したイボの仮面の色彩のシンボリズムについて言えば、「意味」という側面に関する限り、結局のところ「色彩は何も意味しない」と結論するほかなかった。

人類学者のダン・スペルベルは、『象徴表現とは何か』（一九七四）と題する著書のなかで「象徴表現は情報をコード化する手段ではなく、それを組織化する手段である」と述べている。これまで「象徴」と呼ばれてきたものは、特定の意味を表現するものでなく、むしろ経験を認識可能な形で組織化していく際の「目印」にされるものだというのである。付け加えれば、「象徴」をこのようにとらえるということは、けっして個々の「象徴」に対する現地の人びとの意味づけを無視するということではない。人びとの意味づけは、その関係づけのあり方を示すものとして受けとられなければならないということになる。

「象徴」研究と格闘するなかで、私がしばしば参照したのが、ザンビア北西部州のルンダ人のサブ・グループ、ンデンブの人びとのあいだで調査をしたヴィクター・ターナーの著書『象徴の森――ンデンブの儀礼の諸相』（一九六七）であった。ターナーは、ファン・ヘネップの「通過儀礼」の分析を発展させ、「儀礼の過程」にみられるリミナル（過渡的）な状況における正常な秩序の逆転や反構造的な現象――それをターナーはコミュニタスと呼ぶ――の社会的機能を論じて、二〇世紀後半の儀礼や祝祭研究の分野に大きな影響力をもった人類学者である。彼の思考の原点は、ザンビア北西部州のンデンブ社会における長期のフィールドワークにあった。その成果をまとめた著書『象徴の森』（一九六七）には、ンデンブの儀礼にみられるさまざまな事象についての、ンデンブの人びと自身の意味づけが豊富に採集され、それをもとにターナー自身による「象徴解釈」が提示されている。まさにそこには、豊かな「象徴の森」が展開しているようにみえた。

ンデンブの社会では、ムカンダという男子の割礼を伴う成人儀礼がおこなわれ、その場にはマキシと総称される仮面の踊り手たちが登場する。ただ、ターナーは、ムカンダについての報告のなかで、儀礼の過程や、仮面の彩色に用いられる赤、白、黒の三色のシンボリズムについては触れても、仮面そのものの種類と形状や、仮面をかぶる男たちの集団の構成についての詳細な報告を残してはいない。同じ「象徴の森」に分け入って、「象徴」の意味という視点でなく、「象徴」とみえるものが人びとの経験を組織化し、社会の中で共有された世界観を構成していくあり方を明らかにするという視点から、仮面の研究を進められないか。修士論文を書き終えたころから、私はそう考えるようになっていた。

修士論文で取り上げたイボなど、ナイジェリアをはじめ、西・中央アフリカの諸社会の仮面については欧米の研究者によって膨大な研究の蓄積がある。それに対して、先に述べた上ナイル踏査隊で私が当初調査対象としようとしていた南部スーダンのボンゴや、このザンビアのンデンブなど、東・南部アフリカについては、仮面の伝統があること自体がまだ広くは知られておらず、その実態の詳細は未調査のままにおかれていた。東・南部アフリカの仮面を研究すれば、いち早く、仮面研究の世界の第一線に立てる。そのことも、調査地を西アフリカ以外の地域に求める動因になっていた。

私が日本で修士論文の執筆に追われているころ、栗本はすでに、京大の社会学の大学院の博士課程に進み、再度の南部スーダンへのフィールドワークにも赴いていた。私自身は、論文を書きながら、夜、スーダンでフィールドワークをする夢を頻繁にみた。アフリカに対する思いは日ごとにつのった。一方で、仮面研究に向けてのフィールドを求めるとき、南部スーダンへのこだわりはすでに消えていた。ナイル川西岸の仮面の伝統をもつ社会へは、結局のところ、私は足を踏み入れることができなかった。仮面を有する社会は、アフリカのどの地でも、私自身にとって未見の社会であることに変わりはなかった。フィールドは、ザンビアに焦点を絞った。

その後、スーダンでは、一九八三年七月に、南部で反スーダン政府の統一組織ＳＰＬＭ（スーダン人民解放運動）／ＳＰＬＡ（スーダン人民解放軍）が組織され、第二次スーダン内戦が勃発する。戦争の進展とともに、栗本も重田もスーダンでの調査を継続できなくなり、エチオピア側での調査に切り替えていくことになる。内戦の混乱のなかで、ラフォンの村は焼き払われ、パリの六つの集落はすべて灰燼に帰した。一九九二年二月の出来事であった。周知のように、ＳＰＬＭが政権党となって南スーダンが独立したのは、二〇一一年七月のことである。今日に至るまで、私自身は、南スーダンに足を踏み入れてはいない。

話を戻そう。一九八三年の春、私は修士論文を書き終え、大阪大学大学院の博士後期課程に進学した。木村先生の指導のもと、所属は西洋美術史専攻のままである。この間、三月二十七日に、私は、学部時代から交際していた花田真理子と結婚した。その段階では、奨学金以外、何の経済的保証もなかったが、博士課程に進学した一年次から、アフリカで長期の調査を実施するつもりであった。それには、妻・真理子にも同道してもらうのを、微塵の疑いもなく前提としていた。

幸い、その年、講談社の野間アジア・アフリカ奨学金留学生に採用され、二年間、ザンビアでの長期調査が実現することになった。真理子も全期間、同道してくれた。出発前に、私はどうも彼女に「一緒に行ってくれるか」とは、一度も聞かなかったらしい。結婚すれば、同道してくれるのが当然だと思っていた。

「せめて、一緒に行ってくれるかと、一度は聞いてほしかった」

ずいぶん経ってから、真理子はそう心の内を明かしてくれた。

首都ルサカ

私が、ザンビアで所属することになったのは、ザンビア大学アフリカ研究所。イギリスの植民地時代には、ローズ・リヴィングストン研究所と呼ばれ、マンチェスター大学の人類学研究の拠点となっていた機関である。ロズィ（バロツェ）社会の研究で知られるマックス・グラックマンやチェワ社会の邪術・妖術研究を進めたマックス・マーウィック、トンガ社会で長期の調査に携わったエリザベス・コールソン、それに前述のヴィクター・ターナーらがかつて所属していた。

一九八四年三月二十二日、私と真理子はザンビアの首都ルサカに到着し、早速、研究所に赴いた。大学のキャンパスからは少し離れた住宅地の一角に研究所はあった。コの字型になった平屋建ての閑静な建物であった。研究協力担当のイルゼ・ムワンザ女史が、当面の宿舎や調査許可取得の面倒をみてくれる。ドイツ国籍の彼女は、当時のザンビア大学学長ジェイコブ・ムワンザ氏の夫人であった。

前回、スーダンでの中古車の扱いに懲りて、今回は、日本から新車のスズキ・ジムニー（1000cc）を送っていた。船便のため、ザンビアに着くのは五月になる。それまでは、当時、筑波大におられた掛谷誠さんが協定を結んでザンビア大学に寄贈されたパジェロを使わせてもらうことになっていた。ところが、私たちが到着する直前、大学職員が北部州での親族の葬儀に出かけた帰路、前方に二回転する事故を起こし、フロント・ガラス部分が大破、フロント・ピラーの修理とフロント・ガラスの取り替えが必要になり、その手配と日本とのやりとりの仲介を私がする羽目になった。よくよく車には苦労させられる運命にあるらしい。

別送した荷物も、なかなか着かなかった。その追跡にも、労力と日数を費やす。さらに、二年間の滞在となると、滞在許可の取得や車の輸入手続き、現地での運転免許証取得（国際免許証で実地試験は免除されるが、面接試験がある）など、さまざまな手続きが必要になる。しかも、一日にひとつの仕事が終えられれば大成功と言わなければならない。多くの場合、担当者が葬儀に行っていない、担当者が居ても、金庫の鍵を持っている人物が居ない、別の窓口で伝えていたのとは別の書類がいる、などと、たらい回しにされて、ひとつの手続きをするのに数日かかることも珍しくない。結局、フィールドを定めるための予備調査をはじめるまでに、三か月以上の時間を要することになる。

予定外の首都での滞在の延長のため、宿舎の確保にも難渋した。二、三週間単位で大きな荷物とともに、宿舎を転々とすることになった。日本に一時帰国した現地駐在員のお宅に留守番を兼ねて滞在したときには、一時間ほど買い物で家を空けた間に窓のバーグラーバーを切断されて泥棒に入られた。備えつけの電気製品など数点の盗難被害にあったが、その後の警察との対応でもまた一週間ほど日を費やした。何しろ、現場検証、事情聴取、盗難証明書の発行と、いちいち別の日に警察まで警官を迎えに行き、作業が終わると警察まで送り届けなければならない。警察には車がないのである。

治安の悪さは、予想以上のものであった。空き巣の被害は、現地に滞在する日本人のあいだでも日常茶飯事であった。某商社の駐在事務所では、同じ日に車を二台盗まれた。朝起きて出かけようと、車に乗ってエンジンをかけても車が動かない。どうしたのかと降りてみたら、タイヤが四本ともなくなっていて、車はブロックの上に載っていたという、嘘のような出来事も身近で実際に起きていた。夜の道の赤信号では絶対止まるな、というのが鉄則であった。止まると、襲われる確率がかなり高い。「モノを持っている者が悪い」。この国では、そう思うほかなさそうであった。

仮面のつながり

一刻も早く、ルサカを抜け出してフィールドに出たい。その思いがつのる。しかし、それがすぐにはかなわない大きな理由があった。妻の二年間の滞在許可の取得の問題であった。私自身は、ザンビア大学の研究所の客員研究員としての留学という名目で、留学許可に基づく滞在許可が取得できた。入国の際には、夫の私に滞在許可が出た段階で入国管理局へ行けば妻の滞在許可もすぐに出るという説明を受けた。そこで、私の留学許可が出た段階で入国管理局へ行くと、同伴する妻には、留学生としての資格がない以上、滞在許可は出せないというのである。そのままでは、二年にわたる滞在許可は出ず、妻だけが、三か月に一度ずつ国外へ出、観光ビザを取り直して入国するという行為を繰り返さなければならない。これから二人で遠隔地のフィールドに入ろうとしている私たちにとって、それは、事実上、妻だけが帰国するかどうかの判断を迫られる事態であった。

日本大使館へ相談に行っても、研究者が夫婦で長期滞在した前例がなく、よくわからないという。仕方なく、ザンビアの入国管理法を自分で読み込む一方で、私は、日々、入国管理局、大使館、大学本部、アフリカ研究所のあいだの右往左往を繰り返すことになる。

　真理子は、京都の短大に在学中に宝生流の能楽部に入り、卒業後も、宝生流シテ方の辰巳孝先生について、能楽の稽古を続けていた。私との結婚の前には、すでに自らシテとなって、能の上演も果たしていた。彼女にとって、能楽のプロになるという選択肢もなかったわけではない。私との二年間のアフリカ行きが、プロへの道にとって大きなブランクになることを承知で、彼女は同道してくれた。

　真理子の滞在許可を得るには、真理子自身が留学生の資格を取得する以外ない、というのが、私の、そして当時のアフリカ研究所所長スティーヴン・モヨ博士の結論であった。博士の配慮で、「日本の伝統的仮面パフォーマンスである能楽の演者で、能楽ならびに仮面舞踊一般についての実践的な知識をもつ吉田真理子の協力は、吉田憲司のザンビアにおける仮面舞踊の研究の遂行に不可欠である」という理由をもって、彼女をアフリカ研究所における共同研究員として受け入れてもらうことができた。彼女は、その立場で留学生としての資格を得、二年間の滞在許可を取得することができたのであった。文字通り、仮面とのつながりによって私たちは救われたということになる。

　ちなみに、仮面研究を続けながら、現在に至るまで、私自身には仮面を着けて人前で舞踊を演じるという経験はない。仮面の着用による意識の変化や感覚の変容についての経験に基づく情報は、今も、妻の真理子からの情報に頼っている。

　ルサカでの滞在が長引くなか、私は時間を見つけては、ザンビア大学芸術センター所長のムウェサ・マポマ氏の研究室を訪ね、また大学の図書館に通った。マポマ氏から助言を仰ぎながら、ザンビアにおける仮面舞踊やそれに関連する分野の文献を読み進めていったのである。

マポマ氏から、ザンビアには、先にあげたザンビア北西部州のルンダ（ンデンブ）をはじめ、ルヴァレ、チョクウェなどの民族集団のほかに、東部州に住むチェワという人びとのあいだにも仮面結社が存在することを教えられた。しかも、ルンダやルヴァレについては、すでに一定の研究の蓄積がみられ、私がザンビアについた時点でも、分野はそれぞれ異なるものの、数人の欧米からの研究者が定住調査を進めているということであった。一方、チェワについては、マポマ氏の元学生のマポパ・ムトンガによる修士論文の報告があるだけという状態であった。アフリカ研究所にいる地元の研究者や町の人びとに聞いてみても、ルンダやルヴァレのマキシの踊りと同様、チェワのニャウと呼ばれる踊り手たちの踊りの存在は、よく知られていた。ただ、それがこれまでほとんど研究の対象にならず、ザンビアの国外では認知されてこなかったのである。

文献で得られる情報からする限り、ルンダやルヴァレの社会の仮面結社とチェワの社会の仮面結社のあいだには、いくつかの顕著な対照がみられるようであった。ルンダ、ルヴァレの仮面結社は男性の成人儀礼を主な活動の場とするのに対し、チェワの仮面結社は死者の葬送儀礼を主たる上演の場とする。仮面の製作に関しては、ルンダやルヴァレのあいだでは、村はずれに木の枝を積み上げて分厚いフェンスで囲んだキャンプを作り、その中で隔離された状態で仮面が製作されるのに対し、チェワの人びとのあいだでは村から離れた森の中にこもって男たちは仮面を作るという。仮面そのものについては、チェワの社会に、より多様な木製仮面がみられるようである。文献を読み進むうち、もうひとつ、両者のあいだに、大きな違いのあることがわかった。それは、ルンダやルヴァレの仮面結社への加入は、割礼を受けることと一体になっているのに対し、チェワの仮面結社への加入時には、加入者に割礼は施されず、集団でのムチ打ちがおこなわれるという点であった。この最後の点は、私のフィールドの選択に決定的な意味をもった。仮面結社の活動をその内部から捉えようという私の研究にとって、結社への加入は大前提である。ルヴァレやルンダの仮面結社へ加入しようというとき、欧米、とくにアメリカ人の男性研究者の場合は、出生直後に病院で包皮切除手術を受けている者が当時は多く、改めての割礼は求められない。一方、私の場合は、割礼をその場で受けることが前提となる。結社への加入の際に、割礼を受けるか、ムチで打たれるか。逡巡した。

「ナイフで切られるよりは、ムチで叩かれるほうがましだ」

私は、定住調査をするフィールドの選択のための予備調査を、当初予定していたルンダやルヴァレの人びとのいる北西部州ではなく、チェワの人びとのいる東部州から始めることにした。

予備調査

一九八四年の七月三十一日から八月末までの約一か月、私と妻はチェワの人びとの住むザンビア東部州一帯をめぐり、定住に適した村を探して回った。道案内として同行してくれたのは、スティーヴ・チョンゴである。アメリカの大学で、学士と修士の学位をとり、ザンビアに帰国して、農林水産省の水産関係の研究官として勤めていたが、大臣と衝突して辞職し、次の職を探しているところだという。彼が、アフリカ研究所の研究員、エディこと、エドウィン・シンジュワラのもとに遊びに来ていた折に出会い、すぐに意気投合して、予備調査への同行を彼に申し入れたのであった。彼は快諾してくれた。

スティーヴは、チェワと同じバントゥ系の言語を話す集団でザンビア南部州に住むトンガという民族の出身である。ここでバントゥ系というのは、人間のことをバントゥ、ワントゥ、アントゥなどと呼び、文法構造も基本的に同一で、同じ祖語から別れたと考えられている言語集団の総称である。こうした集団がアフリカ大陸の南半分の広大な地域に分布している。母語のトンガ語と近縁なこともあって、スティーヴは、チェワ語も堪能であった。また、農林水産省の仕事の関係で、東部州も各所をまわった経験があるという。

ルサカから東へ六〇〇キロ、東部州の州都チパタ（旧名フォート・ジェイムソン）に向かう。まずはザンビア大学アフリカ研究所所長のスティーヴン・モヨ氏と同大学芸術センター所長のムウェサ・マポマ氏からの紹介状を持って、東部州の州務総長に会う。「すべて教育文化局長が対応してくれます」と、教育文化局長を紹介される。教育文化局長からは、域内のチパタ、チャディザ、カテテの三つの県（ディストリクト）の知事（ガヴァナー）と事務総長（エグゼクティヴ・セクレタリー、DES）あての紹介状兼便宜供与依頼状を出してもらった。

依頼状は、メッセンジャーの手ですぐにそれぞれのもとに届けられる一方、私もその写しをもらった。「吉田憲司氏とその夫人は、東部州チェワ社会の物質文化ならびに有名なニャウの仮面舞踊の調査を実施しようとしている。日本とザンビアは、相互の文化の理解を深めるべく、友好関係を結んでいる。吉田夫妻の滞在にあたり、可能な限りの助力をいただければ幸いである」という内容のものである。

チパタの県知事は、「仮面の研究には、秘密にかかわる非常に微妙な部分があります。『ここまで』と言われたら、けっしてそこから先に踏み込まないように注意してください。この地域の人びとはたいへん友好的ですが、もし一線を越えると問題が起こらないとも限りません」とアドヴァイスをくれた。重々承知している点ではあるが、この地に入って改めて告げられると緊張を覚えるものがあった。

同じくチパタの県事務総長（DES）からは、チパタ警察署長と、チェワのパラマウント・チーフ、ガワ・ウンディあての手紙をだしてもらった。文化局で私たちの対応をしてくれたL・M・トゥバ氏によると、チェワの社会は、このガワ・ウンディをパラマウント・チーフ（最高首長）――チェワの人びとは「キング（王）」と呼ぶ――を頂点に、その下に領域を分有するチーフ（首長）「マンボ」が配され、各チーフ領におのおの村長「ムフム」をいただく数十の村が内包されるという構造をもつという。独立後も、植民地宗主国であったイギリスの間接統治の制度を引き継いで、ザンビアでは、大統領を頂点とし、地方に県知事と県事務総長を配するという政府の組織とは別に、伝統的な民族集団の政治組織をとくに民政の部分で温存してきた。伝統的な首長はまず儀礼的な権威を維持している。その一方で、裁判も刑事は政府の裁判所が扱うものの、民事は伝統的な首長の手に委ねられている。チェワの地に住もうとする限り、パラマウント・チーフ、あるいはチーフの了承がどうしても必要になる。

昼食のあと、ちょうど、チパタに来ているというチェワのパラマウント・チーフ、ガワ・ウンディに会おうと宿舎を訪ねるが、あいにくウンディは宿舎を出たところであった。ただし、県事務総長からの手紙は、メッセンジャーの手ですでにウンディにわたっているという。パラマウント・チーフの代わりに、その補佐役（インドゥナ）を務めているチチェゾ・ピリには翌日会えるというので、約束を取り付けた。

「ニャウを知るためには、チェワの文化全体を知る必要がある」

ニャウの仮面舞踊に関心があるという私の言葉に、翌朝の面会の折、チチェゾはそう答えた。そして、八月二十五日に開かれる大きな祭り、クランバに備えて、数日後の八月十一日に、祭りの会場となる、カテテの町のムカイカという場所で、祭りに出るニャウの選別をする集会を開くことを教えてくれた。ムカイカというのは、ウンディの王宮のある地区の名である。その場には、ウンディも、また多くのチーフたちも集まるという。

「そこに来れば、どの踊り手が上手で、どの踊り手が下手かもわかるだろう。その折りに、パラマウント・チーフとチーフたちに、あなたを紹介することにしよう」

チチェゾのその言葉に、まだ目にしたことのないニャウの踊りを想像しながら、私は胸を高鳴らせた。

チャディザへ

文化局のトゥバ氏によれば、東部州に住むチェワの人びとのなかでも、チパタ県とその北のルンダズィ県では、百数十年前に南アフリカから移動してきたンゴニ人との混住が進み、ニャウの活動はさほど活発でないという。一方、チャディザ県は、モザンビーク国境に近く、モザンビークに住むチェワの人びととの往来も盛んで、ニャウの活動の盛んなことで知られているという。パラマウント・チーフのウンディが住む王宮はカテテ県のカテテに位置する。チパタからは、首都ルサカの方向へ、舗装道路を八〇キロほど戻った場所にある。チャディザとカテテ。この二つの県に的を絞って、定住地を探すことにする。

翌日、チャディザ県の県庁所在地、チャディザに向かう。チパタからは約八〇キロ。洗濯板状の地道を行くため、およそ二時間はかかる。チャディザは、トタン葺き平屋建ての建物が点在する、のどかな町であった。目立った建物といえば、県の役場とゲストハウス、それに中等学校くらいしかない。青空市場は設置されている。そのほかに、インド人が経営する商店が二軒ある。

県知事と県事務総長（DES）は二人とも不在であったが、代わりに事務局長が私たちのことを歓迎してくれ、すぐに県事務総長名で県内のチェワのチーフたちあてに、「吉田憲司夫妻は、県内に滞在し、地域の伝統文化を学ぼうとしている。パラマウント・チーフもこの件をすでに了解している。ついては、吉田夫妻がその目的を達することができるように最大限の支援をお願いしたい」という手紙を発出してくれた。また、私たちの当面の移動の際に、県のメッセンジャーであるクリストファー・ズィンバを同道させてくれることになった。

県のゲストハウスは、新築されたばかりであった。一部屋だけバス・トイレが付き、その日はお湯も出ることが確認できた。まずは、ここを根城に、チャディザ県、それにカテテ県のチェワのチーフを順に訪ねていくことにする。

ズィンバに案内されて面会した県の役場の登記係兼文化担当官のスンガンジャラことエサウ・ムワンザは、チェワの隣に位置する民族ンセンガの出身であるが、チェワのニャウの踊りに関心をもち、自身でニャウに

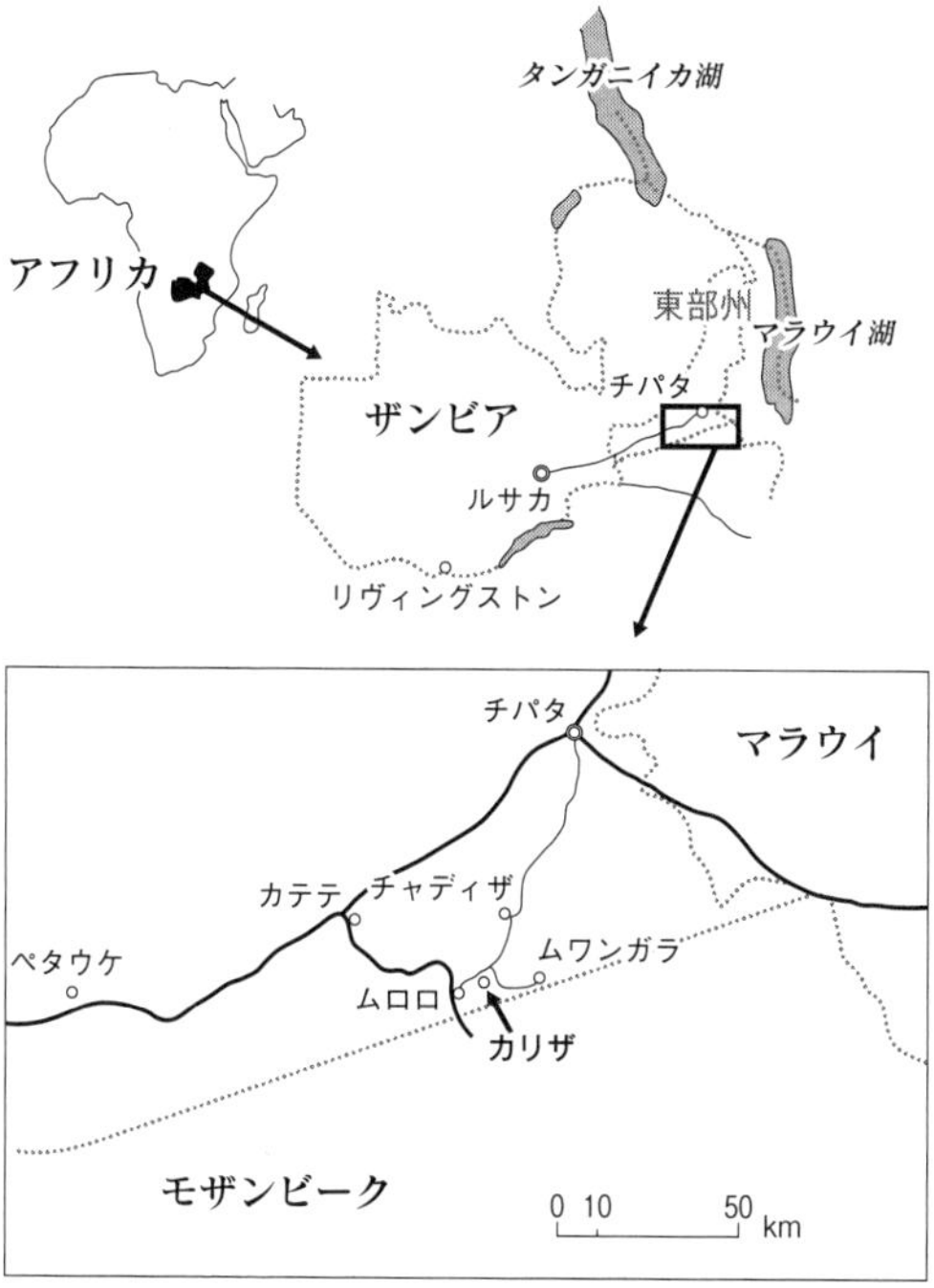

図2　ザンビア関係地図

ついてのノートも作っていた。早速、さまざまなタイプのニャウの名前と特徴を教えてくれる。彼によれば、チャディザ県にはムワンガラ、ズィンガルメ、ペンバ・モヨ、ムロロの四人のチェワのチーフがおり、なかでも、モザンビーク国境に近いムワンガラと、マラウイ国境に近いペンバ・モヨのチーフ領に、伝統的なタイプのニャウが多くみられるという。一方、ズィンガルメとムロロには、「コマーシャル」なタイプのニャウが多いという。この「コマーシャル」という意味は、そのときは理解できなかった。のちになってわかったことだが、一九六〇年代に、新たなタイプの仮面とその踊りを作りだし、入場料を取って観衆に見せるという動きが隣のカテテ県で始まり、チャディザ県にも広がった。ムワンガラ領では、チーフがそのようなニャウの上演をいち早く禁じたため、そうした「見世物」的なニャウの踊りは影を潜めた。一方、他のチーフ領では、禁令が行き届かなかったため、新しく生まれたニャウがそのまま残り、伝統的な儀礼にも登場するようになったという。「コマーシャル」なニャウとは、こうした動きをさしたものであった。

スンガンジャラは、より伝統が強く残っているというムワンガラ領とペンバ・モヨ領のニャウについても、ムワンガラ領のニャウはモザンビークのニャウとの共通性が強く、ペンバ・モヨ領のニャウはマラウイのニャウとの共通性が強くみられると付け加えた。八月二十五日に開催される大きな祭りクランバでは、それら各チーフ領のニャウが一堂に会するという。ひとつひとつのチーフ領の各村を訪ね歩くと同時に、八月二十五日の祭りに参列すること。当面の行動の計画が固まった。

チーフたち

八月九日、スンガンジャラとズィンバを乗せて、まずはムロロのチーフを訪ねることにする。もちろん、スティーヴも同行している。ムロロのチーフは初老の面長の人物だった。

挨拶もそこそこに、スンガンジャラが、ニャウの秘密の場所に連れて行ってほしいとか、私の妻も一緒に行きたがっているとか、事前に私が軽々に口にしないでほしいと言っていたことをなぜか早速切り出し、さらにはニャウの種類について矢継ぎ早に質問を始めた。チーフは困惑の表情を見せながら聞いている。スティーヴが間に入ってようやく軌道修正ができた。最後に私も付け加えた。

「私はニャウだけでなく、チェワの人びとの文化全体を学びたいと思っています。私たちが一番望んでいるのは、村の人たちと一緒に仲良く暮らすことです」

チーフは、私のその言葉に「ベリー・グッド」と英語で答えてくれた。なんとか誤解は解けたようだ。帰り際、チーフから鶏一羽をもらった。歓迎の徴だという。

チャディザへの帰路、ズィンガルメのチーフも訪ねた。まだ四十代くらいの、丸顔の男性だった。自分は、椅子に座ったまま、スティーヴとスンガンジャラ、ズィンバにそばにあった筵の上に座るように言い、私と妻は立ったままで挨拶をした。私からは、やはり、「私たちが一番望んでいるのは、村の人たちと一緒に仲良く暮らすことです」と言ったように思うが、詳しいやり取りは記憶していない。帰り道、車の中で、ズィンバが、ズィンガルメのチーフをけなすことしきりだった。

「吉田夫妻に椅子を出さず、自分だけ座ったままというのは、無礼にもほどがある。われわれにも、筵の上に座れといった。あいつはチェワの慣習を身に着けていない」

ズィンバは、トゥンブカという、チェワの北に住む、同じバントゥ系民族の出身である。しかし、すでにチャディザでの勤務は十年を超えるという。チェワの慣習では、客人、とくに男性の客人には、椅子を勧めるものだという。日常生活でも、男性は直に地面の上には座らず、椅子に腰かける。一方、筵を敷くかどうかを問わず、女性は地面に座る。その当たり前の慣習がわかっていないと憤慨しているのである。それに、鶏もくれなかった。

「ズィンガルメのチーフ領に住み込むのは、やめたほうがいい」

ズィンバの意見であった。

夕刻、ムワンガラのチーフが、ゲストハウスにやってきた。八月十日のウンディの王宮での集会に出席するため、自身の村から出てきたのだという。早速、ゲストハウスの食堂で、チーフに会い、挨拶をする。チーフの地位に就く以前、ルサカの銀行で働いていたという彼は英語を解した。私も、人を介さず、英語で自己紹介をした。

「チェワの村にはいり、チェワの人たちと一緒に暮らして、チェワの文化を学びたい。チェワの一員になりたいのです」と訴えた。

チーフの一行のなかの一人が「あいつ、本気らしいな」と言うのを耳にした。会話のなかで、宗教の話になり、日本では祖先信仰が根強く生きていて、キリスト教の信徒はさほど多くないことを紹介すると、皆からいたく共感を得た。よそ者がチェワの人びとの村に入って長く住むという前例は、この地域では、キリスト教の宣教師以外にはない。私の訪問は、その宣教師とは違うことが、まずは理解されたのであろう。

翌日、ムロロのチーフもチャディザにやってきて、夕刻、チーフたちの一行は王宮のあるムカイカに向けて出発していった。

ムカイカ

その翌日、八月十日が、チチェゾ・ピリがパラマウント・チーフのガワ・ウンディに私たちを引き合わせてくれると約束してくれた日である。八時過ぎにチャディザを発ち、十一時にムカイカに着いた。すぐに、チチェゾを訪ねる。煉瓦造りの家から出てきた彼は、私たちに「ハウ・アー・ユー？」と声をかけただけで、傍の者に「どこかで待っててもらえ」と告げて戻っていった。私たちは、車を会議の場に近い木陰に移動し、そこで待つことにした。

午後二時すぎ、昼食の休憩がとられたが、そのときも私たちに声がけはなかった。私たちは、そのまま待ち続けた。夜八時、ようやく会合が終わる。人びとが建物から出てきたので、チチェゾを呼びに行くと、

「パラマウント・チーフは忙しい。明日来てくれるか？」

との答えだった。

返す言葉が出なかった。「はい、では明日参ります」とも言えなかった。すでに九時間以上も待

ち続けている。呆然と、チチェゾの後ろ姿を見送るだけだった。

「会えないなら会えないで、別に言い方があるだろう」

スティーヴが腹を立てている。

日が暮れる前、午後二時から六時ごろまで、広場の端ではニャウが踊っていた。二人で向かい合い、手を前に構えて、ドラムのリズムに合わせて、足を後方にけりだしながら少しずつ前進し、別々の方向に回転したかと思うと、すぐに踊りをやめてしまう。その繰り返しである。観衆がほとんどいない。そのため、踊り手もノレないのであろうか。いつ、チチェゾから声がかかるかもしれないと、会議の会場の近くに張り付いていたため、私たちは踊りを遠目で見ていただけだが、それにしても、お粗末な踊りにしか見えなかった。そもそもチャディィザ県の村々のニャウはここにはきていない。皆、カテテ県の村からのニャウだという。

「ここには、見るべきものがないのではないか」そう思えてきた。チャディィザまで戻るには、およそ一〇〇キロの道のりがある。私は徒労感に包まれながら、夜の闇の中で車を走らせた。

ふたつのチーフ領

翌日は、休養を取ることにした。明けて八月十三日から、各チーフ領の村々を巡って歩いた。十三日は、ペンバ・モヨのチーフを訪ねた。チャディィザからは一五〇キロある。三時間半のドライブを要する。

ペンバ・モヨのチーフは、最初に訪ねた村にはいず、第二夫人の住むもうひとつの村にいた。チーフは、すでに老境に入っていると見える、白髪の人物であった。一週間ごとに、二つの村のあいだを行き来しているという。一夫多妻制をとるチェワの社会で、二人以上の妻をもつ夫は皆、そうして妻たちを公平に扱っている。村に住み込んでチェワの文化を学びたいと考えているという私に、チーフは、「ぜひ、自分の領域内の村に住み込んでください。大歓迎です」と言ってくれた。

この辺りは、高原地帯で、まるで信州の八ヶ岳高原のような風景が広がっている。景観の上では申し分ない。マラウイに近く、マラウイ側から物資も豊富に入っているようだ。とくに国境ポストのあるゾズウェ周辺は道を挟んでザンビア側の店とマラウイ側の店が並んでいる。ザンビア側の店の中はがらんとして何もないのに、マラウイ側の店は商品であふれかえっている。私たちは、マラウイ側の商店で石鹸を大量に買い求めた。

ここなら、生活の物資に困ることはなさそうだ。ただ、チャディィザからあまりに遠い。逆にマラウイに近く、経済的にも、マラウイとの結びつきで、地域の生活が成り立っているように見えた。この地での調査には、マラウイとの関係という、別の軸の考察が必要となるように思われた。

八月十五日には、ムカイカから戻ったムワンガラのチーフの村を訪ねた。チャディィザからは、約一時間半で着く。チーフは、新しく作った樹皮布を見せてくれた。今度の祭りで、パラマウント・チーフに今年収穫したトウモロコシを奉献する際に使うのだという。村の男たちなら、だれでもその製作ができるという。真新しい土器も、準備されていた。やはり、村の女性が今度の祭りに向けて作ったものだという。この地域には、さまざまな伝統がまだ生きているように見受けられた。帰り際、食事の用意ができないのでと、チーフが鶏一羽とサトウキビを同行のスティーヴに持たせてくれた。私が遠慮すると、

「あなたたちは、私のサトウキビを持たないでは帰れない。ここはもうあなたたちの土地です。何も遠慮することはない」

と言い、さらに

「このあいだのムカイカでのニャウの踊りは遠くから見ただけだったが、踊りといい、ドラムといい、情けない限りのものだった。本当の踊りはこの地域にあります。あなたたちもその踊りを見たら、きっと驚きますよ」

と付け加えた。

私もそう期待したかった。と同時に、そのとき、私はこのムワンガラのチーフの土地に住むことを考え始めていた。

ハイエナに変わった女性

翌、八月十六日には、スンガンジャラに道案内を乞うて、カヴモの丘の岩面画を見に行くことにした。この地域の洞窟や岩蔭には岩面画が多く残されている。それらの岩面画と、ニャウの仮面舞踊の関係を探ることも、私の調査の重要なテーマとなっていた。

カチパンデという村の近く、道路から西へ十分ほど歩いた丘の頂上近くの岩蔭の岩壁一面に、四角の枠の中を等間隔に線で区切った図形や、同心円状の図形など、白い線で描かれた幾何学的な図形が点在している。

そのカヴモの岩蔭へ向かう途中、チャディザの町はずれの道から少し入った叢林の中にハイエナに変わった女性の墓があると、スンガンジャラから聞かされた。一九七七年のことだったという。女性は、邪術師（ンフィティ）、つまり人を呪い殺す術を使うことで知られていた人物だったという。当時、スンガンジャラは、その女性の隣の家に住んでいた。ある日、その女性の夫が「今朝、妻が死んで、変なことになっている。妻がハイエナに変わってきた」と、スンガンジャラの家に駆けこんできた。急いで見に行ってみると、遺体の顔の部分にだけハイエナのように毛が生え、体はまだ人間のままだった。スンガンジャラは、すぐに県知事と県の事務総長を呼びに走った。彼らが来ると、すぐに棺を閉じなければならないということになり、棺に蓋をし、暇を置かずに墓地に埋めた。もし、棺を閉じるのが遅れ、ハイエナがそのまま逃げだしてしまったら、その後そのハイエナが森から村へやってくるたびに人が死ぬことになるからだという。

そういえば、ルサカを発つ前、七月初旬の新聞に、よく似た「事件」の記事が掲載されていたと、複数の友人から聞かされていたことを私は思い出した。その「主人公」も、たしかチェワの女性だった。

「七月某日。ルサカ市内のガーデン地区の住人でチェワ出身の女性が死亡し、その遺体を葬儀の日まで保存しておくため、大学病院の遺体安置場に運び込んだ。その後、夜になって、看護婦二人が別の遺体を運び込もうとしたところ、安置場の中にハイエナがいて、前から置いてあった子供の遺体を食べ終わろうとするところであった。看護婦らが慌てて逃げようとすると、そのハイエナは、チェワ語で次のように言ったという。

『逃げないでくれ。頼みがある。私はガーデン地区から先ほど運び込まれた者だ。こんな姿になってしまったが、どうか、警官に頼んで私をガーデン地区に戻してくれるように言ってくれ』。早速、警官が呼ばれた。警官はハイエナをガーデン地区に連れて行き、放してやった。彼女は邪術師（英語ではウィッチと表記される）であった」

私は、この新聞記事を実見していない。その話を耳にしたときも、単なるたわごととして気にも留めなかった。しかし、その後、邪術師が死ぬとハイエナに変わるという話は、チェワの村での滞在中、何度も耳にすることになる。さらには、邪術師は、生きているあいだも、ハイエナに変わって、邪悪な行為を働くとされる。いったい、邪術による変身という信念は、どのような経験のなかから生まれ、どのような思考に支えられて、チェワの人びとの生活に根づいているのだろうか。このときから、仮面とともに、邪術についてのこの問いが、私の脳裏から離れなくなった。

間近に見るニャウの踊り

八月十七日、ムワンガラのチーフからメッセージが届いた。翌八月十八日に、チャディィザから車で四十五分ほどの距離にあるダヴィデという村で、一週間後に迫った大きな祭りクランバに向けて、ニャウの踊りの「練習」があるという。自分は、その前日から、ダヴィデ村に滞在しているので、朝九時に村で会おうという内容であった。その約束通り、八月十八日に、ダヴィデ村に向かう。朝九時過ぎに村に着いたとき、チーフの姿はなかった。村人たちには、とくにチーフを呼びに行こうとする気配もない。私が心配していると、「心配なら、自分で迎えに行け」という。そう言われても、チーフがどこからどの道を通ってやってくるのか、見当がつかない。ただ、待つしかなかった。

十一時、ようやくチーフが現れた。前夜、乗せてもらう予定の県の車が来なかったため、「あなたとの約束を守るために歩いて来たのだ」という。その言葉を聞いて、われわれの滞在するところは、このチーフの土地以外にはないと心に決める。

このときに限らず、約束の時間が守られないことに、当初、私はいらだちを覚えることが多かった。チェワの人びとの大半が時計を持っていないことに気づいたのは、しばらくしてからのことだった。人びとは、私のような「ムズング」（白人）――彼らにとって、私も「白人」の仲間である――とは、「何時に」と数字を用いて約束をするが、自分たちのあいだでは、「ズワ、テーレ」（太陽がこんな高さのとき）と片手で、太陽の高さを示して、時間の約束をする。私たちが時計を使って指示する時間通りにものごとが進まないのは、当たり前なのである。

その日は、村人から出された昼食をチーフと一緒にとった。トウモロコシの粉を湯で練った、シマとよばれる固粥と、鶏肉を土器で煮たもの、豆の煮ものが並ぶ。シマを手で丸めて団子状にして、土器で煮る肉の汁につけて食べる。骨付きの鳥肉は、そのままかぶりつく。私と妻が、おいしい、おいしいと言って食べるのを見て、チーフは、

「どうして客人をもてなそうかと迷っていたところだった。あなた方がシマを喜んで食べるのを見て、私も安心した」

と言った。誰からか、「白人」はシマを食べないと聞かされていたらしい。

食事のあとも、ニャウの踊りはなかなか始まらなかった。午前九時に始まると聞かされていた踊りが始まったのは、午後三時半になってからであった。

仮面をかぶった踊り手は、一人から数人が一組となり、次から次へと交替で登場してくる。六本のドラムが生み出すリズムにあわせて、踊り手は、左右の足で激しく大地をける（写真19）。六本のうち、一本のドラムは、ムバルレと呼ばれ、胴の部分の両側に菱形の大きな穴が開けられていて、共鳴せずに、乾いたパナ、パンという音を立てる。このムバルレの叩き出す音が、踊り手の足の動きをコントロールしているのである。もう一人、ガラガラをもった男が、すべての踊りにつく。踊り手の登場と退場の指示、踊り手の観客に対する行き過ぎたふるまいを制するのが、スィランバという、このガラガラをもった男の役目である。

歌は踊りの場に集まった不特定多数の女たちが歌う。ニャウの踊り手が擬声を使って一節を歌ってみせ、女たちはその歌を歌いついでいくことになる。

この日には、鳥の羽根で覆われた覆面をかぶったニャウ、カスィンジャや、手足に白い房をつけ

写真19　激しく踊り狂うニャウ。右端のドラム「ムバルレ」が踊り手の動きをコントロールしている。カリザ村、ザンビア。1985年撮影。

たングワチョングウェ（ジャコウネコの皮の意。もともとこの種の皮を身につけて踊ったことに由来するという）、それに木製の赤い仮面をつけ、スカートをはいて女性のしぐさをまねておどるマリアなどが登場した。なかでも、ングワチョングウェの踊りは、ドラムのリズムと完璧に同調した見事なものであった。踊り手は鳥の羽根の覆面の頂上部に赤い布を巻き、赤いTシャツを身に着けていた。手足の白い房の動きがその赤に映える。踊り手が、色彩の効果にも十分気を配っていることがうかがえた。その踊り手が、もっとも大きな観衆の拍手を集めていたのもうなずける。あの、ムカイカで遠目で見ていた踊りとはまったく異なる踊りがそこにはあった。ムワンガラのチーフの言う「本当の踊り」が、たしかにここにはあるように思われた。踊りのあと、広場に集まった人びとの前で、チーフが挨拶をした。もう、日暮れが迫っている。

「今日は素晴らしい踊りをありがとう。この踊りをクランバの祭にもっていって、祭りの場で最高のダンサーがこの地域から出ることを期待しています。今年は、私たちの「伝統」（ムワンボ）の始まりの年です。これから毎年こうした機会がやってくることになります。長老の皆さんには、私たちの行いをよく見ていただいて、もし誤りがあったらすぐにお教えいただきたい。さもないと、あなた方がいなくなったあと、私たちはずっと誤ったままの「伝統」を継承していってしまうことになるからです。

吉田さん夫妻は、チェワの慣習を研究し、学びに来られました。二人はこれから一年半、私たちの地域に住み、家を建て、私たちとともに生活することになります。皆さんも、温かくお二人を迎えてほしい。そして、今日のように、客人を温かくもてなすという慣習を、これからも、そして誰に対しても、もち続けていっていただきたい。今日は皆さん、ありがとう」

人びとの拍手がいつか手拍子になり、歌が始まった。その歌声に送られて、車のところまで戻る。車の前まで来ると、老人、女性、子供たちと、誰彼を問わず、握手攻めにあった。握手しては「ズィコモ」（ありがとう）の言葉を繰り返す。何十人の人と握手をしたことだろう。ふと、スーダンのラフォンの村で、男たちの握手に迎えられた、あのときの感動を思い出した。この瞬間のために、私はアフリカに来たんだ。そう、思えた。

車に乗って、走りだそうとしたとき、スティーヴが言った。

「これでもまだ、あなたは、彼らがあなた方を歓迎しているのかどうかと、私に聞くつもりですか？」

私たちが住むところは、ここしかない。私はフィールドノートにそう書き入れた。

カリザ村

ムワンガラのチーフ領に住み込むことは決めた。あとは、どの村に住むかである。ひとつひとつ村を回る日々が始まった。

まずは、モザンビーク国境に近いニャルアンガ村を訪れた。井戸が枯れがちだと言い、水の確保が難しそうだった。また、隣村との境界も明確でなく、調査が難しそうに思えた。

やはりモザンビーク国境に近いチンポヨ村。大きな村だが、村の中の掃除が行き届かず、ごみが散乱している。当日、村にいた人間の半数がモザンビーク側にある村から訪ねてきた人びとだった。大麻の喫煙者も多そうだった。それに、村の名前が、日本語にしたときにどうにも聞こえが悪い。そのことを、報告書を書くたびに意識しなければならないだろう。この村は、選択肢から落ちた。

チムタンダ村。先日、ニャウの踊りを見たダヴィデの村から、車の通る道を外れて二キロメートルほどの場所にある。私たちが訪ねた当日、十八歳になる村長の娘が亡くなって、その葬儀の最中だった。埋葬は翌日になるという。このため、死者の遺体の置かれた家の軒に坐る村長のそばに数分間黙って座って、その日は帰参した。それが、ここでのしきたりという。ただ、この村に入るときに私たちが通った道は雨季には冠水すると言い、別のルートをたどることにした。その途中、カリザという村の中を通りかかる。村からもモザンビーク側への見晴らしがよく、村の入り口に大きな岩があって寝そべるのに好適そうに見えた。なんとなく、このカリザという村が気に入る。カリザ村からは雨季でも冠水しない細い道を通って本道へ出ることができた。

その日は、そのままチャディザに戻ったが、水道の水が出ない。当然、トイレも使えない。夜、町はずれにある中等学校へ、水をもらいに行く。ここには独立した貯水タンクがあり、町の水道が断水したときでも水が手に入ったのである。

翌日も宿舎に水は来ない。町の中の井戸もすべて枯れてしまった。目下の候補地は、チムタンダとカリザである。問題は、その村の中に家を確保できるかどうかになる。その翌日、ムワンガラの首長を訪ねて、カリザが気に入ったことを早速報告した。ムワンガラも「私としても、カリザなら推薦できます」とのことであった。一方、家の確保が気になるというと、自分が村の人たちに命じて煉瓦を焼き、家を作ってあげる」と言う。「いや、家を建ててもらうというのではなく、まずは空き家を提供してもらいたいのです」というと、そんなことはたやすいという。また、カリザの村に滞在することについては、「クランバの祭へはカリザの村長も一緒に行くから、その折りに私からはなしておこう」と言ってくれた。その日は、そのまま、再びチムタンダとカリザを訪れることにした。

カリザの村長——アカリザと呼ばれる——は、気さくな男だった。私は、まず、自分の滞在の目的から話を始めた。スティーヴがそれを通訳してくれる。

「この地域に住ませてもらってチェワのしきたりを学びたいと思っています。今はチェワ語は話せませんが、まず第一にチェワ語で皆さんと会話ができるようになりたいと思います。ムワンガラのチーフが、いくつかの村を推薦してくれました。そのひとつがここでした。」

気になっていた家のことは切り出さなかった。それ以前に今、私たちは水がなくて困っていると言うと、村長は、

「もしあなたがたがここへ来たら、多くのことが学べるでしょう」と言い、遠巻きに私たちのほうを見ていた女の子たちを呼んでこう言った。

「この人たちは、チェワのことを勉強に来たんだ。お前たちは、時間がいっぱいあるんだし、家にいなくても怒る人もいない。だから、いつもこの人たちのそばにいて、お話をしてあげておくれ。この人たちはチェワ語を勉強したいと言っている。それには、お前たちが皆でお話をしてあげるのが一番いいんだ」

「まずは、水を汲みに行こう」と言って、村長は立ち上がり、十数人の女の子たちを引き連れて一緒に一・五キロほど離れた水場まで案内してくれた。村の中の井戸は枯れていて使えないと言い、村はずれの菜園の中にある泉まで行く。粘土質の地面に直径一メートルほどの穴が開き、そこに白濁した水が顔をのぞかせている。洗濯は近くの川で、またレンガ造りに使う水は別の水場のものを使っているという。飲み水と洗濯を分けているというのは好ましいし、乾季のさなかの今、比較的

水には恵まれた環境にあると言えそうだった。帰り道、七、八歳の女の子が先導してくれ、残りの女の子たちは、私たちが持参した二十リットルのポリタンクをかわるがわる頭にのせて運んでくれる。皆で客人の世話をするということを行動で示してくれているように思われた。とりあえず、水を車に入れて、チムタンダまで歩いていく。

チムタンダへの道は、白樺を思わせる幹をもつマメ科の樹木が緑陰を作る気持ちの良い小道だった。カリザという名から、なんとなく軽井沢を連想してしまう。

チムタンダの村長――アチムタンダ――は、私が、訪問の目的を話し、たとえば、このチムタンダに住まわせてもらうか、あるいはカリザに住んでこのチムタンダへ通うようなかたちで村のことを学んでいきたいというと、村長は、まだ娘の葬儀の直後でもあるためか、無言であったが、傍にいるインドゥナ（補佐役）と思しき人物が、私の言葉を遮るように言った。

「いや、カリザの村長は、たくさん妻を抱えていて、その妻の住む村のあいだを行き来している。だから、彼が客人を安全に受け容れるというのは難しいんじゃないかな。住むなら、ぜひ、この村に住むといい」

「そう言っていただけて大変幸せです」

と答えて、私たちは、すぐにその場を辞した。カリザへの帰り道、英語のしゃべれる少年がカリザまで、案内してくれる。チムタンダの住人だという。チムタンダの戸数は八十戸、人口は二百人以上。カリザの人口は三十人くらいだという。すでにカリザの村のなかを歩いていた私は、その数があてにならないことに気づいていた。その日に出会った英語をしゃべる唯一の人物であったが、彼にアシスタントの役を依頼することは考えなかった。

カリザへ戻ると、カリザの村長が、笑顔で迎えてくれ、何も言わないのに、家の中から樹皮布を出してきてくれた。

「昔は、これをチテンジェ（女性の腰巻布。今はアフリカン・プリント布が用いられている）として使ったんだ。今は、わしが毛布として使っている。これは、今度のクランバの祭で、ガワ・ウンディ（パラナウント・チーフ）への貢物を入れる袋として新しく作ったものだ」

私が、その作り方を教えてほしいと言うと、

「この村へ来たら、学ぶことはいっぱいある」

と村長は答えた。

私が別れを告げると、村長が言った。

「わしはいつでもここにいるから。いつでもおいで」

車に乗り込むと、十二歳くらいの少年が、ブリキ缶で作ったギターの音を響かせながら、私たちを見送ってくれた。少しずつ遠ざかっていくその甘い音色が何とも心地よい。この段階で、カリザ村に住み込むことを決めた。

定住地をカリザ村に決めた理由は、いくつかある。まず、環境が良い。周りより少し高い丘の上にあり、周りの眺めがよい。村の入り口の大きな岩は、夜、寝そべって星を見るのによさそうだ。

チムタンダより少し高い位置になるので、雨が降っても、水がそちらから流れてくることはない。それでいて、村は水が比較的豊富そうだ。村の中がきれいに清掃されている。人びとの心根がうかがわれた。村長の人柄も信頼できそうにみえた。村長について、村人から特段の話を聞くことはなかった。村の規模も適正で、村の端から端まで見渡せ、村人の動きも把握しやすい。隣村のチムタンダとの境界が明確で、墓地を含めた雑木林で両者がはっきり区切られている。一方、この二つの村は、そのあいだの墓地を共同で使っており、二つの村を一つの単位とみることで、かなりの規模の村になり、さまざまな行事や催事に出会う機会も多くなる。もともとカリザは、チムタンダから分かれた村のようだ。自動車の走る本道（といっても、一日に何台の車が通過するか、たぶん一ケタを超えることはないだろう）から二キロほど離れたところにあり、私たちの生活が外部の者の好奇の目にさらされることがない。一方で、その本道から村までの道が雨季でも冠水することなく、一年中、通行できる。そして、これは、村を決めてから気づいたことであったが、カリザ村へは、チャディザ経由でなく、カテテからモザンビーク国境へと続く舗装道路を使って入ると、ムロロ首長の村から地道をおよそ十五キロ、四十分もかければたどりつけることが分かった。このカテテからモザンビーク国境への道は、海のないザンビアの物流の改善のため、モザンビークと結ぶ幹線として舗装をし整備したものである。しかし、一九七五年のモザンビーク独立以来続く内戦のため供用されることがなく、国境は閉鎖されたままで、牛だけがその上を歩いているという状態であった。このため、舗装は完成当時のままの状態が維持されていて、村まで短時間でアクセスできる。私たちにとって、これは大きな利点であった。そして、最後にもうひとつ、大きな理由があった。このチムタンダとカリザは、ニャウの踊りの名手がいるという評判の高いことである。チャディィザの住人のなかには、「ニャウの中心地」とまで言う人もいる。カリザ以外に、私たちの住む場所は、ありそうにもなかった。

ニャウの正体

チャディィザを発って、いったんチパタに出、そこからクランバの祭の開かれるカテテの町を通り越して、さらに一〇〇キロメートル先のペタウケのモーテルに宿を取った。カテテの町の宿は祭りの参加者で埋まっていたからである。

翌日、つまり一九八四年の八月二十四日、クランバの祭の会場、チェワのパラマウント・チーフであるガワ・ウンディィの宮殿のあるムカイカに着いたのは、午後三時を過ぎていた。しばらく人ごみから離れたところで様子を見ていると、背の高い精悍な感じの若い男が挨拶に来る。名はジェイムズ・バンダという。しかし、誰だかわからない。わからないはずである。彼の自己紹介はこうであった。

「私は、ダヴィデの村であなた方の前で踊ったニャウのダンサーのなかで一番の拍手喝さいを浴びた踊り手です」

そう言われればすぐに思い出せた。ングワチョングウェの踊り手だ。しかし、ニャウが自分の正体を明かしてよいものか。私は、とまどうほかなかった。彼は、すぐに踵を返して、私たちの到着を皆に知らせると言って人ごみの中に消えた。

入れ替わるように、一人の中年の女性が近寄ってきた。やはり、ダヴィデの村から来たという。私たちのことを覚えていてくれて挨拶に来てくれたのである。「ムワンガラのチーフにはもう会いましたか」と尋ねられ、まだだと答えると、自分が案内しようという。あとをついていくと、勢ぞろいして木陰で憩っているチーフたちに出会った。ムワンガラを右端に、ムロロ、ズィンガルメ、そして一番左にカワザのチーフがいた。カワザのチーフには初めて会うが、カワザの名は、マックス・マーウィックの調査地として私にはなじみの深いものであった。ムカイカの地は、そのカワザのチーフ領の中にある。

これから祭りの準備状況を見に行くというチーフたちを見送って、広場へ向かった。広場では、それぞれのチーフ領ごと、村ごとに、人垣を作って各々の地のニャウの踊りに人びとが喝采を浴びせていた。人ごみをかき分けていく途中、チムタンダ村のニャウの踊り手の一人が急病で苦しんでいて、車の便を探しているがなかなか見つからないという話を耳にする。広場のわきに出ると、ムワンガラのチーフがトラックの運転手と交渉している最中であった。しかし、どうも燃料がないと断られているらしい。いずれ私のところに話が来るに違いない。ならば先に申し出るほうが気持ちがよいだろうと、私のほうから病院への搬送を申し出た。踊り手はヨベという十四、五歳の少年だった。チムタンダの村長と、ヨベの友人だという、英語の話せる青年がヨベに付き添っていた。

青年の名は、モゼス・ガブリエル・ピリ。のちに、私の調査のアシスタントを務めてくれることになる青年である。彼らも車に同乗して、ヨベをカテテの町はずれにある、セント・フランシス病院へ搬送した。一九四八年に、イギリスの聖公会とオランダのカトリック教会の合同で設立された病院である。多くの外来患者が待っていたが、スティーヴの機転ですぐに診察をしてもらい、二十分もしないうちに薬をもらって出てきた。来るときはひどく咳込んでいたが、その咳も収まっていた。付き添ったチムタンダの村長によれば、ニャウの踊り手は踊る前にさまざまな薬を服用するという。薬を飲むと、祖霊が踊り手に乗り移り、疲れを知らずに踊り続けることができるという。また、踊りで名声を上げた結果、他のメンバーの妬みをかって呪われたとき、自分の身を守るために薬を飲むこともあるという。おそらくは、そうした薬が喉に詰まったか気管に入ったかが原因だろうと言う。こうしてまた、私たちは、ニャウの秘密の一端を明かされることになった。

ヨベを祭りの場に送り届け、広場に戻ると、竹馬に乗った背の高いニャウが踊っている（写真20）。スティーヴが傍にいたチムタンダの村長に聞いている。

「あの竹馬のニャウの踊り手は、えらく背が低そうだな。まだ、年少なのかい？」

チムタンダの村長が答える。

「あれはニャウだ」

「いやだから、竹馬に乗っているニャウのダンサーは、かなり小柄に見えるんだが、まだ子供なのかときいているんだ」

写真20　竹馬に乗ったマカンジャの踊り手。見上げるように背の高い死者の亡霊の姿を現しているという。ムカイカ、ザンビア。写真は2007年８月のクランバの際に撮影したもの。

「あれはニャウだ。ニャウに大人も子供もない」

本書の冒頭で紹介したのと同様の、ニャウをめぐるやりとりである。しかも、「あれはニャウだ」と言い張っているのは、先ほど、車の中で、ニャウの踊り手が薬を飲むことを明かした当のチムタンダの村長である。ニャウをめぐる秘密は、どうも一筋縄では解けそうもない。

クランバの祭典

クランバの祭の本祭りが開かれたのは、その翌日、一九八四年八月二十五日のことである。午前十時ごろから来賓が観覧席につき始める。王母ニャングと王ガワ・ウンディ——祭りの場では、ガワ・ウンディは、英語でもパラマウント・チーフでなくキングと呼ばれていた——、が王宮を出て、それぞれ広場の中央に設けられたクンビとカススと呼ばれる草葺きの東屋につくのを合図に、祭りは始まった。全員起立のうえで、まずザンビア国歌が斉唱され、さらに賛美歌ののち、カトリックの司祭によって神への祈りがささげられた。国会議員ら来賓のあいさつが続いたあと、司会からクランバの主旨がチェワ語と英語で述べられる。すなわち、チェワが北からこの地に移住してきたこと。この地で王国が築かれたこと。創造主である神（チャウタ）が、王ガワ・ウンディに、人びとが守るべき道徳や倫理の規範をさずけたこと。したがって、王ガワ・ウンディに従うことは、神に従うことになること。クランバは、王を通じ、その王に民の安寧と運命を委ねた神に対して毎年おこなう収穫の「感謝」の祭りなのだということ、が説かれる。チェワの北方起源について、この年には、チェワはエジプトからやってきたと説明され、人びとの驚きを誘った。翌年からは、チェワは、北のコンゴの地からやってきたと修正され、以後、このクランバの場が、チェワの起源譚を人びとのあいだに浸透させ固定化する役割を担うようになっている。

こうした主旨のアナウンスのあと、いよいよ、各チーフによる王ガワ・ウンディへの、その年の収穫の奉献がおこなわれる。白一色の貫頭衣をまとい、頭にも白い帽子をつけた王は、東屋（カスス）のなかで、ヒョウとライオンの敷皮のうえに座り、左右に象牙を横たえて、一人一人のチーフの奉献をうける（写真21）。チーフはみな、赤一色の肩掛け衣をまとっている。チーフには、トウモロコシを収めた樹皮の包みを肩にかけた従者数人が続く。従者は、黄色の肩掛け布をまとっている。いずれも、各チーフ領の主だった村長たちである。ムワンガラのチーフのあとには、カリザの村長も、例の樹皮布の袋に貢物を入れて付き従っていた。白、赤、黄色を、王、首長、村長という、

写真21　チーフ・ムワンガラ（中央、赤の衣装の人物）の奉献を受ける王ガワ・ウンディ（左端、白い衣裳の人物）。ムカイカ、ザンビア。写真は2004年８月のクランバの際に撮影したもの。

チェワのピラミッド型の伝統的政治機構に対応させたシンボリズムは、クランバの創成にあわせて新たに編み出されたものである。

東屋（カスス）に近づくと、首長はひざまずき、神と王を寿いだうえで、その年の自領の作柄や問題を報告する。その言葉は「ヨ・ガワ、ヨ・ガワ」という掛け声で閉じられる。伝統的な、王への礼辞である。それを合図に、従者の携えていた貢ぎ物が、王の側近に手渡された。

奉献が終わると、太鼓手たちが進みで、激しくドラムを叩き始める。それにあわせて、ニャウの仮面の踊り手たちが登場し、王の前で激しく舞う（写真22）。ニャウの踊りがひと段落着くと、裸の上半身に赤、白、黒の斑点を施した女性の踊り手たちが

写真22　王ガワ・ウンディに踊りを奉納するムワンガラ首長領のニャウの踊り手。右端に立つのがチーフ・ムワンガラ。ムカイカ、ザンビア。1985年８月、第１回のクランバの祭の際に撮影。

登場し、チナムワリと呼ばれる踊りを披露する。腰を小刻みに動かし、性的魅力を誇示する踊りである。本来は、その年に初潮をむかえた少女たちが成人儀礼を終えた際に披露する踊りであるが、この場では、その地域でもっとも踊りに秀でた女性が選ばれて演じている。こうして、収穫物と、ニャウの踊りと、チナムワリの踊りが、ひと組になって、それぞれの首長ごとに順に奉納されるかたちで、クランバの祭は進行していく。すべての首長の奉献が終わると、一日目の行事は終わった。来賓たちは、その段階で会場をあとにする。翌日は、とくに順にこだわることなく、ニャウやチナムワリの踊りが、広場で一日じゅう繰り広げられる。

繰り返しになるが、このクランバの祭は、

「伝統を始めよう」をスローガンに、この年から始まった祭りである。もともと、ザンビアには、民族をあげておこなうような祭はほとんど存在しなかった。二十世紀初頭以来続けられてきた祭りとして、わずかに北西部州ルンダ王国のウムトンボコや西部州のロジ王国の王宮の移動の祭りクオンボカが知られるだけであった。後者のロジの王は、ザンベジ川の川岸と、川の中州の二箇所の王宮を有している。雨季と乾季で上下するザンベジ川の水位に応じて、中州の王宮と川岸の王宮のあいだを、王宮の資財や従者ごと、大きなボートに積んで、年に一度行き来することになる。クオンボカとは、そのための船団の移動を伴う大規模な祭りである。

こうした比較的古い祭礼と対抗するため、一九八〇年に東部州の民族ンゴニの人びとがンチュワラという祭りを再興する（写真23）。ンチュワラは、その年の最初の収穫物をンゴニの王に奉納する、いわゆる初穂の祭りである。チェワ人の祭り、クランバは、それに刺激されて、本来は葬儀の際に踊られるニャウの仮面舞踊と、女性の成人儀礼チナムワリの際に踊られる女たちの踊りを、それぞれの地域のチーフが王ガワ・ウンディに奉納するというかたちで、新たに創始されたものである。祭りの準備のための集会で、チーフたちは、「ニャウとチナムワリはひとつのもの」という言葉を繰り返した。

クランバとは「年貢」の意であり、チェワの王ガワ・ウンディのもとへ、その支配下にある首長らが毎年の収穫の一部を収める行為をさしていた。ただ、それは、各首長が個別におこなう慣行であり、首長たちが一堂に会し、踊りを奉納するといった行事ではなかった。「年貢」の慣行は、一

写真23　ンゴニ人が1980年に「再興」した初穂の祭「ンチュワラ」。ムテングレニ、ザンビア。1999年２月撮影。

九三四年、当時の北ローデシア植民地政府の手で禁止される。一九八四年に開始されたクランバは、王のもとに各首長が順にその年の収穫物を届けるとともに、地域の踊りを奉納する祭りとして整備されたが、それは植民地政府に禁止された旧来の「年貢」の慣行を五十年ぶりに「再興」するものとして人びとのまえに提示されたのである。

奇しくも、私は、この第一回目のクランバに参列することができた。その折、カリザの村人たちと、あと五十年もして人類学者がやってきたら、きっとこの祭りがチェワの伝統的な祭りだと思い込むだろうなと、笑いながら語り合ったことを思い出す。それから三十数年、すでにクランバは「チェワ伝統の祭クランバ」と称されて、定着するにいたっている。

写真24　ンセンガ人の王カリンダア・ワロの手で1988年に創始された雨乞いの祭り「トゥインバ」。ペタウケ、ザンビア。1993年10月撮影。

こののちのことになるが、クランバの創始に触発されて、チェワの西に住むンセンガの人びとも、一九八八年にトゥインバという雨乞いの祭りを始める（写真24）。トゥインバの場合、当時の王カリンダ・ワロが、自身で調査チームを立ち上げ、雨乞いについて古老から歌や伝承を集めて、自ら式次第を考え出した、まったく新しい祭りである。

興味深いのは、こうした各民族集団の新たな祭りが、その時期と意味合いをそれぞれ別々のものになるように相互に差異化されている点である。ンゴニのンチュアラは、その年のはじめての実りを祝う儀礼であるから、雨季のさなかにおこなわれる。チェワのクランバは、収穫の祭りだから、乾季のはじめに催される。そして、ンセンガのトゥインバは、雨乞いの祭りであるから、雨季を控えた乾季の終わりに開催される。時期をたがえるのは、そのようにしないと、テレビで大きく報道されない、また、大統領や関係の大臣の臨席が仰げず、重要な陳情の機会を逃すといった事情からきている。政府も、直接資金を提供するということはなかったが、大統領・大臣の臨席をはかり、近隣の王、チーフたちの相互訪問のための交通手段を提供するといったかたちで、その動きを支援していく。結果として、現在ではザンビアに七十三あるといわれる民族集団のほぼすべてが、独自の祭りをもつようになっている。

第三章　仮面の森のフィールドワーク――秘密結社ニャウへの加入

村入り準備

クランバの一部始終を見届けたのち、私たちはルサカに戻り、村入りの準備を整えることにした。当時のザンビア国内の生活物資の不足は、目を覆うばかりのものだった。パンや缶詰などの食料品だけでなく、砂糖や塩、洗濯石鹸までもが市場から消えることがたびたびあった。スーパーマーケットには、いつも長蛇の列が作られている。「まず並んでから、何を求めて並んでいるのかを聞け」と地元の友人たちに教えられた。ぐずぐずしていると、モノがなくなるからである。列が動き出して、スーパーの中に入ると、がらんとした建物の中に、砂糖と洗濯石鹸の袋だけが棚に並んでいるという奇妙な光景を何度も目にした。米は、インド人が経営する店へ行けば、食糧援助でインドや東南アジアから送られてきたインディカの米を手に入れることができた。野菜や肉は、青空市場に行けば手に入った。ただ、冷蔵庫のない村には、肉や野菜を持ち込むことはできない。せいぜい、コーンビーフの缶詰と朝食用のビスケット、インスタント・コーヒーと紅茶、洗濯石鹸とトイレットペーパー、それに鍋、ヤカン類といったものが、私たちがルサカで買い求めたものであった。

大学へのレポートの提出や図書館・公文書館での関連文献の調査のため、ルサカでの滞在は、一

写真25　右が私と妻が最初に住むことになった村の家。中は二間に区切られている。
カリザ村、ザンビア。1984年12月撮影。

月近くにもなった。この間、再び、宿舎を転々とすることになる。すべての資材を整えて、ルサカを発ったのは、一九八四年九月二十五日のことである。私の小さなジムニーには、すべての荷物は載らず、大学からランドローバーのトラックを借りて、二台で村へ向かった。ランドローバーには、運転をしてくれたエディのほかに、スティーヴも同乗していた。途中、ペタウケで一泊し、翌八月二十六日、カリザ村に入った。村の人びとは、すでに一軒の家を空け、少し離れたところに水浴び場とトイレも新たに作って、私たちを待っていてくれた。家は泥壁に草葺の方形の建物で、中は二間に仕切られている（写真25）。壁や床も塗りなおして、ピカピカに光っていた。水浴び場は、草の柵で周りを覆い、中に石を敷き詰めてある。ここで、バケツ一杯の水で体を洗うことになる。トイレは土壁で囲われ、屋根は草で葺かれている。これで、快適な生活ができそうだ。

この家は、クランバの祭の折に出会ったモゼスが住んでいた家であった。モゼスは、カリザの村長の甥にあたるが、まだ独身で、自分は隣の空き家に移って、私たちの家ができるまでのあいだ、自分の家を提供してくれたのである。自然、彼が、私の調査のアシスタントも務めてくれることになる。

その夜には、私たちの歓迎のために、ニャウの舞踊も催された。カリザだけでなく、チムタンダからも、ニャウがやってきてくれたという。星空の下、涼風に吹かれながら見るニャウの踊りは、幻想的であった。

その夜はよく眠った。何しろ、ザンビアへ来て、はじめて「自分の家」で眠る夜であった。寝袋に入っても、ニャウの踊りのドラムが聞こえていた。

村の集会

私たちが村に入って三日後、ムワンガラのチーフが村へ来て、村人たちに私を紹介する集会がもたれた。以下は、その時のチーフの挨拶である。

「皆さん、長いあいだお待たせして申し訳ありませんでした。今日、私がここに来た目的は、すでにご承知の通り、われわれのもとにお迎えした客人を皆さんにご紹介するためです。三週間ほど前に使者を送り、客人のために家とトイレ、水浴び場を用意していただくようにお願いしました。私のお願いを着実に実行してくださったことを今日ここで確認でき、たいへんありがたく思っています。ここで、われわれの客人である、吉田氏と吉田夫人をご紹介したいと思います。お二人は、ザンビア大学からチェワの伝統文化を学びに来られました。これは日本とザンビアのあいだの文化交流の一環となるものです。このお二人がここへ来られた目的を達成することができるように、皆さんにはご協力いただくことをお願いします。皆さんは、チムタンダとカリザがもともとひとつの村だということをよくご存じのはずです。吉田氏がカリザ村に住まれるということは、チムタンダに住まれるということと同じです。ですから、チムタンダの皆さんも吉田氏の仕事に協力してくださるようお願いします」

「今後、この村で、誰一人として恐れを抱いて生活することがあってはなりません。邪術を行使する人、あるいは邪術を使うぞと言って人を脅す人は、ただちに私が村から追い出します。もし、特定の人が邪術師であるということを知っておられる方がいるなら、私に知らせていただきたいと思います。私はこの方々が邪術への恐れとともに住まれることを望みません。私は、この方々がこの村の誉れ高い評判とともに日本に帰っていただけることを望んでいます」

「とくに村長に申します。村長は共同体のリーダーです。村人があなたを望まないなら、あなたはその座から追われます。村長はいつも偏見なしに問題を解結しなければなりません。もし、ここに集まった方々のなかに問題を抱えている人がおられるなら、お知らせいただきたいと思います」

チーフのその言葉を受けて、一人の老女が立ち上がった。

「私はカリザの村長が私のかかえている問題をなぜ解決してくれないかを聞きたいと思います」

「どんな問題ですか。おっしゃってください」

「その問題を人前で言うのは憚られます」

老女はそう言うと、嗚咽を漏らした。

「泣かないで、どうぞおっしゃってください」

「私は最近息子の葬儀をあげました。村長は、呪医（ウィッチドクター）に私が相談に行くことを許してくれませんでした。村長が私の息子の死について何か知っていると考えるのは間違っているでしょうか？」

再びむせび泣く老女を座らせて、チーフは、カリザの村長に「今の話について、何か意見はありますか？」と尋ねた。村長は答えた。

「何のことかわかりません。もっと率直に言っていただきたい」

チーフはその言葉を受けて、

「彼女は十分率直だったと思います。この問題は、今度、ムカイカから私が帰ったときにもう一度取り上げることにしましょう」

と引き取り、話題をクランバの祭に向けた寄付の未納者への督促に移した。挨拶の最後に、もう一度私の滞在に話題をもどしてチーフはこう結んだ。

「グレ・ワムクル、チナムワリ、チンテチェ。お二人にわれわれの慣習のすべてを披露してください。吉田氏は我々の文化を記録し、世界に知らせてくれるでしょう。吉田氏の貢献は、チムタンダ、カリザのみならず、すべてのチェワの人びとの利益になるものです。ですから、どうか。お二人を助けてあげて下さい。吉田氏の研究の一部には、チェワの人びとがどのように家を建てるのかということも含まれています。カリザとチムタンダのすべて人びとに、家づくりの手助けをしていただくようお願いします。また、草を刈る時期がもう済んでしまいました。皆さん、一人一束だけで結構ですから、家の屋根を葺く草の寄付をお願いします。皆さんの協力で、吉田氏の仕事が成功することを心から願っています」

私は、このとき、まだチェワ語を理解することができなかった。以上は、テープレコーダーに録音したやり取りを、その夜、スティーヴに訳してもらったものである。それにしても、私たちの滞在の挨拶の席で邪術の告発がなされるとは意外であった。スティーヴも驚いたらしく、チーフが帰ってから何人かの村人に話を聞きに行った。

集会の場で立ち上がった老女は、カリザの村長が邪術を使って自分の夫も息子も殺してしまったと言い、吉田夫妻がいるあいだは、村長も人を呪うようなことはしないから安心だとスティーヴに語ったという。「白人」はチェワの邪術師の呪薬より強力な薬を持っていると考えられているらしい。また、別の村人は、「吉田夫妻がいるあいだ、安全だから村人はみな喜んでいる」と言い、スティーヴが「何から安全なの?」と尋ねると、「カリザとチムタンダ両村長の邪術からだよ」と答えたとのことであった。

村入り早々、呪いの話の続出に、これはまた、大変なところに飛び込んでしまったと思った。直接目で見て確認できない世界の話だけに、この問題にどう分け入ってよいのかがにわかにはわからず、闇のなかを手探りで歩むような感覚にとらわれた。

スティーヴは、私たちの村入りを見届けたうえで、ルサカへ帰ることになっていた。彼が発つ前の日の夕刻のことであった。バオバブの木をかすめるように沈んでいく夕陽を背にしながら、スティーヴがふと、こう漏らした。

「チェワの人びとのあいだでは、どうしてこんなに邪術にまつわる話が多いのだろう。北西部州のルヴァレ人の地域に行ったときもそうだった。仮面をもっている連中のあいだでは、邪術の話をいやというほど聞かされる。仮面と邪術のあいだには何かつながりがあるんだろうか」

先にも記したとおり、スティーヴはザンビアの南部州に住む民族トンガの出身である。言語的には、トンガも、チェワと同じバントゥ系の民族である。トンガの人びとのあいだでも、邪術についての告発やそれに対抗するための薬の使用はみられる。しかし、それはチェワやルヴァレほど頻繁ではないという。そして、彼らの社会に仮面結社は存在しないのである。

今から思えば、このときから、私の頭のなかに、仮面と邪術との関係という問題が大きな課題として居座ったように思われる。

家つくり

村での生活が始まった。もとより、村に電気や水道はない。炊事には炭を使った。村人に汲んでもらった水は煮沸し、コーヒーフィルターで濾過して料理や飲用に使う。食事は、チェワの社会の男女の分業に習って、基本的に村で手に入る食材を妻が料理し、食卓にのせてくれた。村人の食事は、トウモロコシの粉を湯で練った、シマとよばれる固粥と、野菜を煮たものが一品というのが基本だが、わたしたちの場合は、それに卵か缶詰のコンビーフなどを調理したものを加えた。シマの代わりに、町で手に入れた米を飯盒で炊くことも多かった。二週間に一度、鶏をつぶしてすき焼きにするのが唯一の贅沢であった。

卵を入手する方法としてニワトリを飼い始めたが、卵からかえった鳥に、色が白いものにシロ、足の毛の長いのにブーツなどと、名前をつけたのがいけなかった。名前をつけた鳥は食べられなくなった。以来、人からもらった鳥や買い求めた鳥は、すぐにさばいて食べることにした。

当座の住みかとして提供してもらった家は、二年間の荷物を持ち込んだ私たち二人にとっては手狭だった。それに、その家は、私たち自身の家ができるまでのあいだ、一時的にモゼスから借り上げたものである。やはり、村の中に新しく家を建ててもらうことにした。土地は、今いる家のすぐ前に確保できる。建設は、雨季が始まるまでに終わるよう、急がなければならない。屋根を葺かない状態で雨が来ると、せっかく作り上げた土壁が崩壊してしまうからである。ただ、チーフの挨拶にもあったように、その屋根を葺く草がもうなくなっている。人びとに少しずつ分けてもらうほか

写真26　私たちの家の建設が始まった。コの字型の木枠に土を入れ、それを突き固めて壁を作る。カリザ村、ザンビア。1984年10月撮影。

はない。

十月の半ばから、建設を始めた。間口八・五メートル、奥行き四メートル、中を三つの部屋に区切った方形の建物である。壁は、煉瓦ではなく、より伝統的な、土を突き固めた壁にすることにした。村人たちは皆協力するようにというチーフの言葉はあったが、大人数の村人が出て、一斉に仕事を進めるということにはなかなかならなかった。しかも、壁を作る方法は、コの字形の木枠の中に土を入れ、それを突き固めては、木枠をずらしていく、いわゆる版築という方法で、チコンボレという木枠が二個しか調達できず、熟練した男性二人に作業を依頼して進めるほかなかった（写真26）。ただ、土を掘り出すのは、若い青年たちの手を借りた。報酬は新品のサッカーボールである。私も土掘りに加わった。掘り出した土は、女性たちがバケツに入れ、頭にのせて運んでくれる。四、五歳の女の子も、お皿に土を盛り、それを頭にのせて、女たちの列に加わっている。ほほえましい光景である。真理子も洗面器を頭にのせて土を運んだ。

入り口のドアと窓の木枠はチャディザの大工に頼み、その取り付けも終わって壁がすべて立ち上がったのは、十一月の十一日であった。中の仕切り壁の一つは腰の位置までの高さにし、真ん中の部屋にも光が届くようにした。壁ができると、屋根を葺くことになるが、その木材の調達が難航した。棟木や梁の部分には、長くまっすぐ伸びた木材が必要なため、五キロほど離れたファームに生えているユーカリの木を使うことにした。その木を牛で引いてくることになるが、直線的な道路があるわけではない。その運搬にも難渋した。垂木にあたる木は、ブッシュに生えている木の中で比較的まっすぐなものを選んで切ってくることになる。なかなか男手が確保できず、モゼスと二人で森に入ることも多くなった。屋根の重みを支えるのは、土壁でなく、軒先に立てるサンダンミラという支柱であるが、かなりの太さの木が必要になり、その確保にも時間と労力を要した。十一月末になると、雨も降り始めた。気は急くが、木材の不足で屋根がなかなかできない。屋根の骨格ができて、はじめて女たちが集団で、壁と床を塗りあげてくれる（写真27）。草も確保し、屋根を葺き終えたのは、十二月八日。その直後に豪雨がやってきた。間一髪であった。ただ、内装にも時間がかかる。改めて中に土を入れ、床はコンクリートで覆い、内壁にもセメントを塗り付けてそこに白いペンキを塗り、室内を明るくする工夫をした。ただ、ペンキなどはルサカでしか手に入らない。十二月の半ばにルサカに出、ルサカで年を越して村に戻った。内装も終え、私たちが完成した家に

写真27　壁が出来上がると、女性たちが勢ぞろいで、その壁の上塗りをしてくれる。
カリザ村、ザンビア。1984年10月撮影。

移り住んだのは、一月の末のことであった。都合、三か月半を家づくりに費やしたことになる（写真28）。

建設を始める前には、村の人びとから一か月もあれば家はできるだろうと聞かされていた。それが、三か月半もかかった理由は、なかなか人手が集まらなかったというに尽きる。チーフの言葉にあったような人びとの「一致協力」がなぜ得られないのかと、嘆いたこともあった。しかし、今考えれば、それは当たり前のことであろう。村人たちが望んで私たちを迎え入れたわけではない。こちらが、勝手に住み込んできたのだ。手助けをしなければならない理由は、村人の側にはない。ただ、それだけではなかった。手を貸してくれる村の人びとは、たしかにいた。ところが、約束の日にしばしば村の中や近隣で葬儀の知らせが入った。知らせが入れば、迅速な弔問と葬儀への出席が、

写真28　完成した我が家。手前は、日本から送った愛車ジムニー。カリザ村、ザンビア。1984年12月撮影。

最優先になる。それが近親の者の葬儀であれば、喪に服する必要も出てくる。私たちの家づくりの手伝いをしたくてもできない状況が、多くの村人の周りに起こっていたのである。

死者が出たという知らせが入れば、私自身、死者の家を必ず弔問に訪れることにしていた。ただ行って、私は男たちの側に、妻の真理子は女たちの側に黙って座り、帰りがけに少額の寄付を死者の親族の手に渡すだけであるが、このことがこの社会では大きな意味をもつ。葬儀で顔見知りの者と出会って最初にかわす挨拶は「ンダニ（誰）？」という言葉である。誰が邪術を使って今度の死者を呪い殺したのかを問うものである。チェワの人びとのあいだにも、老衰や自然死（「神の死」と呼ばれる）という考え方はあるが、実際に事例を検討していくと、そのような例にであうことはまずない。チェワの社会では、大半の死は、邪術にその原因が求められる。人の呪い以外で人が死ぬことはないと考えられているのである。葬儀への無断での欠席は、その邪術の行使を疑われるきっかけとなる。

村長追放

もちろん、この時期、家の建設だけを進めていたのではない。村人から畑を借りて、トウモロコシの栽培を始めた。農法を学ぶためである。

また、家の建設を進めているあいだも、二週間に一度程度の割合で、近隣の村でニャウが踊るという連絡が入ってきた。多くは死者の喪が明けるときの儀礼ボナがおこなわれるときである。そうした連絡が入れば、必ず行って、たとえ徹夜の舞踊でも、最初から最後まで踊りを見物することを欠かさなかった。とはいえ、ニャウへの加入はまだ許されない。広場でニャウが踊るときには女たちに交じって遠巻きにニャウの踊りを見、ニャウの踊り手が村へやって来たときには、急いで家の中に入り、戸の隙間からニャウの動きを垣間見るだけであった。

四月になって、カリザ村では大きな出来事があった。ムワンガラのチーフを囲む村全体の裁判の集会が開かれ、村長のグンドゥザが親族を含む数人の村人の死の責任を問われて、村から追放されることになったのである。

グンドゥザが、邪悪な呪術を使って人を呪い殺す邪術師（ンフィティ）だといわれていたことはすでに触れた。ここで改めて、邪術について、整理しておこう。

私がこれまで「邪術」という語を当ててきたチェワ語のウフィティとは、特別な威力をもつと信じられる物質、つまり「薬」（マンクワラ）の操作と、「呪い」（ウテンベレラ）の言葉の使用とによって、他人に危害を及ぼそうとする行為をいう。ザンビアでは、その英語訳としてウィッチクラフトという語が多用される。そして、このような邪術を行使すると信じられる人間が邪術師（ンフィティ）、ザンビア英語でいうウィッチである。邪術師には、遺体を墓から掘り出して死肉を食べる、夜に人に見つかりそうになると火で体を包んで姿を隠す、近親相姦を犯す、死後ハイエナに変わるなど、常人では考えられないさまざまな邪悪なイメージが付与されている。

エヴァンズ＝プリチャードによるアフリカ・ザンデ社会の古典的研究以来、人類学者のあいだでは、彼が英語のなかに古くから存在する用語を援用して提示した、邪術師（ソーサラー）と妖術師（ウィッチ）との区別が、それを採用するか否かにかかわらず、避けて通れない問題として論じられてきた。図式的にいうならば、邪術師は悪意や妬みを動機とし、薬と呪文を用いて意図的に他人に危害を加える。その術は必要な知識を得た者なら誰にでも行使しうるものである。これに対して、妖術師は自身に生得的な体質のゆえに、物的な助けを借りることもなく、無意識のうちに邪悪な行為を働いてしまう。しかも、その性向は遺伝的なものとされている。

この区別を当てはめるならば、常に「薬」と呪文を用いて他人に災いをもたらし、その技術が売買や教授の対象となるチェワ社会のンフィティは妖術師とは言い難い。本書を含めて、私が従来からンフィティに邪術師の訳語を与えてきたのもこのことによっている。ただ、現在一般的に用いられている英語では、邪術師にあたるソーサラーという語彙はほとんど使われない。邪術と妖術とを区別せず、他者に危害を及ぼす呪術を、広くブラック・マジック（黒魔術）もしくはウィッチクラフト（妖術）と呼ぶのが通例である。その意味では、ここでいう「邪術」は、一般的な語用の「妖術」と同義であると理解してもさほどの支障はない。

チェワの人びとによれば、邪術師は特別な力をもつ「薬」を使い、呪いの文句を唱えることで他人に危害を及ぼすとされるが、強力な邪術師は、呪いの文句を唱えるだけで、人を攻撃することができるという。チェワの人びとのあいだでは、「ムザオナ（今に見ろ）」という言葉が典型的な呪いの文句とされる。グンドゥザは、しらふのときはおとなしい好々爺であるが、大の酒好きで、酔った勢いですぐ「今に見ろ」と言ってしまうという性癖の持ち主であった。このため、村の中で、説明のつかないような不幸な出来事が起こると、なにかといえば、彼にその責任が押しつけられるというところがあった。

私の村入りの段階から、すでにグンドゥザに対する告発がなされていたことはすでに述べた。モゼスの実の姉もまた、グンドゥザの邪術の犠牲者と言われていた。裁判では、まず、前の村長が亡くなったとき、グンドゥザは人びとに選ばれたのでなく、自らが村長だと宣言してその地位に就いたことが指摘された。また、村人のなかに病人が出たときも見舞いに行かず、葬儀にだけ出席することが強調された。ある村人は、「なぜ、この人は葬式にばかり興味をもつのでしょうか」と言った。先にも触れたように、邪術師は、墓地に埋めた死体を掘り出し、その死肉を食べるという。

「葬儀に興味をもつ」というのは、その死肉に興味をもつことを暗示する発言であった。同じ人物は、「隣村には多くの長老がいるのに、この村にはグンドゥザしかいない、それはなぜでしょう」とも問いかけた。暗に、グンドゥザがすべての長老を呪い殺してしまったと主張したのである。

議論のなかでは、グンドゥザが村のなかのある女性に子供を産ませたことも取り上げられた。チーフは、その女性は「あなたの親族ですか？」とグンドゥザに問いかけた。グンドゥザは「はい、そうです」と答えてしまった。私が調べた家系図によれば、その女性とグンドゥザは別の親族集団に属するはずであった。チェワの村は、伝統的には単一の親族集団で構成されていた。独立後は、成人男女それぞれ二十五人の居住が条件とされるようになったが、カリザ村は、その登録の際に、すべての成員が同じ親族集団に属するものとして登録した。グンドゥザは、その登録の内容に従って、子供を生んだ女性と自分が同じ親族集団に属すると答えたのである。これは、近親相姦の罪を認めることになった。このこともまた、彼が邪術師であることの証拠とされた。

もちろん、グンドゥザは、自分は人を殺していないと、繰り返し主張した。また、村人のなかからは、「誰も、この人が特定の人を呪い殺しに行ったところを見てはいない。あなた方は、彼が近親相姦を起こしたから邪術の使い手だと言うだけだ」とグンドゥザを擁護する発言もあった。しかし、グンドゥザの日頃の行ないに対するさまざまな苦情が、その主張を打ち消した。もともと独立を望んでいたグループは、グンドゥザの元にはもういられないと、独立した村を作ることを宣言した。

チェワの社会は、母系制の社会である。出自は母系をたどり、結婚後の居住規制は妻方居住を原則とする。したがって、村には、同じ親族集団に属する女性たちと、そこに婚入してきた他のさまざまな親族集団に属する男性が生活していることになる。このため、チェワの慣習では、村長はその村にいる女性たちが選ぶ。チーフはその慣例に従って、村の女性たちに別のところに集まって、グンドゥザにそのまま村長の地位に留まってほしいかどうかを議論し、結論を出すように促した。村の女性たちの出した結論は、グンドゥザにその地位を離れてほしいというものであった。それを受けて、チーフは、グンドゥザに対して、村長の地位を離れ、チェワの領域から出ていくようにと、裁定を下した。

集会の後、チーフは、私も同席の場にグンドゥザを呼び、こう語りかけた。

「おまえが、一日長く村にとどまれば、それだけ問題が増えてくる。というのも、村に死人が出たり、病人が出たりするたびに、たとえお前が何をしなくとも、お前が手を下したと人びとが言うからだ。このまま放っておけば、お前は殺される。お前の身の安全のために、私はお前が村を出るようにという決定を下したんだ」

傍にいたチーフの補佐役（インドゥナ）は、こうも言った。

「これは、村長というものの定めだよ。村の中で不幸がおこると、人びとは村長のせいにする。そのとき、村長というものは、自分のせいではないとは言えない。村長とはそういうものだ」

たしかに、カリザ村の周りでも、追放された村長が何人かいる。実際の邪術の行使の有無にかかわらず、不幸の原因を一人の人物に押しつけ、社会から排除するという、「贖罪の山羊」としての機能を、チェワの人びと自身が邪術師の告発にみて取っていることがうかがえる。

それにしても、グンドゥザは、さばさばしていた。どう見ても追放処分を受けた人物の表情ではない。彼も、その妻も、チーフへのもてなしを、いつも以上に丁寧にこなしている。

グンドゥザは、その後、行き先が見つからないと、カリザ村に居座り続けた。チーフからの督促が何度来ても、そのたびに姿をくらまして、第二夫人のいる、もうひとつの村へ行ってしまう。

集会から一月ほど経ったころ、私はグンドゥザから蜂蜜取りに誘われた。村はずれのマンゴの木に、木の胴をくりぬいた養蜂筒が仕掛けてある。夜、松明を持って行き、養蜂筒の一方の端の蓋を開け、松明を中に差し入れて、蜂が外へ飛び出したところで、中の蜂の巣をナイフで素早く切り取る。五秒に一度は蜂に刺されているが「アー、アー」とうるさそうにつぶやくだけで、グンドゥザはさほど気にもしていない。刺された跡が腫れることもなければ、痛くて夜眠れないということもないという。

すぐになめてみた蜂蜜は、この上なく甘美であった。村への帰り道、松明で道を照らしながら、グンドゥザが、

「この火を見て、村の連中はまた、邪術師が夜道を歩いている、と言うだろうな」

と、乾いた声で笑った。私には、どうしても、彼が人を呪い殺す邪術師とは思えなかった。

呪医への弟子入り

村の中で、私たちは何の役にも立たない存在であった。私にできることといえば、病人が出たときに、呪医や占い師のもとや、政府が設置した病院に運ぶことくらいであった。ただ、それが、結構頻繁にある。そして、その車中では、決まって誰の邪術が病気の原因なのかが付添いの者のあいだで話し合われる。

村長の追放という事件にも出会って、この社会のなかでの邪術の重みが日々痛感されてきた。そのようななかで、村入り前のクランバの祭の折に、ニャウの踊り手のヨベを病院に運んだとき、ニャウの踊り手が呪いの防御のために「薬」を服用することがあると聞かされたことが、妙に気になり始めた。ニャウと邪術、あるいは呪いとは、どこかで結びついているのではないか。ニャウへの加入が許されるかどうかが定かでない状態で、私はチェワの文化に分け入る別の切り口を探し始めていた。その切り口は、邪術の世界にも、そしてニャウの活動にもつながっている「薬」以外にないと考えるようになった。

チェワの社会において治療の手段としてもっとも重要視されているのが「薬」（マンクワラ）である。「薬」については、一般の村人も一定の知識を共有しているものの、その十全な知識はンガンガと呼ばれる呪医（現地の英語ではウィッチドクターと称される）の手に委ねられている。しかもそれらの知識は呪医の「財産」とされ、秘義的な性格をもっている。それゆえ、私は思い切って、チェワの呪医に弟子入りして「薬」の勉強をすることにした。一九八五年の三月のことである。

私が師と仰ぐようになったのは、政府公認の「伝統医」の免許を持つファクソン・ピリという人物であった。カリザ村の出身であるが、今は、カリザから徒歩で三十分ほどの距離にある別の村で暮らしている。チェワの社会の妻型居住のしきたりに従って、ファクソンは、妻の村で、やはり呪医（ウィッチドクター）である妻の父とともに「開業」しているのである。

ただ、弟子入りをしたと言っても、大っぴらに師匠について動くということはできない。一人前の知識を得るまでの修行の期間、「薬」について教えを受けているということは基本的に秘密にされる。新米の呪医が誕生したと知れると、邪術師がその呪医の能力を試すために攻撃を加えてくると考えられているからである。

「薬」に関する調査は、ふたつの方向から進めた。ひとつは、まず、チェワの人びとの病気の分類を明らかにしたうえで、個々の病気の治療法を呪医の活動の観察と聞き取りによって記録するというものである。ただ、この方法では、病気の治療以外の「薬」の用法が把握できない。そこで、もう一つの手段として、私が知りえたすべての植物と動物について、その「薬」としての用法を聞きとっていくことにした。

しかし、この調査は思うようにははかどらなかった。何しろ、「秘密裏」に作業を進めなければならない。昼間、ファクソンの手の空いているときに、一緒に森に入り、原野に生えている一本一本の木の名称と用法を記録するのだが、人の気配を感じるとその作業を止めて隠れなければならない。夜は、ファクソンが昔話を私に教えるという名目で、私たちの家を訪ねてくれるのだが、これも、子供たちが実際に昔話をしに我が家に集まっているときには、作業を断念しなければならない。

もうひとつ、木や草本の名称は集まってくるものの、その学名の同定をどのように進めてよいのかわからないという問題があった。図鑑を使って見当はつけるが、学名を確定するまでには至らない。そもそも文学部出身の私は、腊葉標本をどのように作ってよいのかも分からず、植物採集の際に、どの部位を採集すればよいのかといった知識も身に着けていなかった。

この問題は、私がニャウへの加入を果たしたのちの一九八六年七月に一時ルサカへ出た際、当時筑波大学におられた掛谷誠さんにお目にかかり、親しく手ほどきを受けたことで乗り越えることができた。掛谷さんは、生態人類学の専門で、タンザニアのトングウェ社会で呪医に弟子入りし、呪薬の用法をつぶさに研究した、この分野の先達であった。私にとって、医療や呪術というのは未知の分野であり、長期間試行錯誤を繰り返しながら調査を進めていただけに、この分野で優れた業績をあげられた掛谷さんから直接の助言を得たことは大きな助けとなった。掛谷さんから教えを受けてのち、私は村へ帰ってから日々森に入り、「薬」になる木や草本を採集しては、新聞紙に挟んで乾燥させ、腊葉標本を作っていった。作成した標本は、帰国前にザンビア大学のハーバリウムに持ち込み、バトリックS・M・ビリ博士に同定していただいた。また、「薬」になる動物の種名の同定には、ザンビア国立公園・動物保護局、チパタ出張所の技官で、チェワ出身者のJ・C・バンダ氏の協力を得た。

きわめて概括的に言うなら、チェワの人びとが用いる「薬」のうち、植物性の「薬」は経験的な実効に裏付けられている。一方、動物性の「薬」は、主として邪術の治療や防御に用いられ、しかもその効力は、その動物の形状や行動の特徴に基づいて説明される。たとえば、頻繁に立ちくらみを起こしたり失神したりするのは、走っている途中に頻繁にひっくり返るイボイノシシ「カプリカ」の体の一部を使って邪術師が作り出した小さな虫「カヨウェラ」が患者の体の中に送り込まれたためだとされ、その治療にも同じイボイノシシの体の一部が「薬」として用いられる。同様に、極度の便秘は木に張り付いてじっとしているクサガエル「カラマティラ」の一部を使って邪術師が作った虫が患者の体に送り込まれたためとされ、やはり治療にもクサガエルの体の一部が使用される。その薬を調合するときには、呪医は患者の前で「この虫が元の所に帰るように」という呪文を唱える。イボイノシシやクサガエルで作られた虫は、邪術師に行けと言われて患者の体に入り込んだのであるから、その虫に「元のところへ帰るように」と言えば、病気は送り主のところに戻るはずだというわけである。

私が一定の「薬」の知識を身に着け、ファクソンから邪術から身を守る「薬」も処方されてからは、日中、ファクソンが依頼者の相談を受ける場に同席することも多くなった。あるとき、中年の女性が、夫の浮気を封じる「薬」が欲しいと訪ねてきた。そのとき、ファクソンは、

「それには、いま手元にある『薬』のほかに、ハイエナの糞が必要になる。今、ハイエナの糞を切らしている。一週間ほどあとでまた来てくれないか」

と女性に言った。

夫の浮気を封じる「薬」の使用は、妻の側から見れば、「防御」のための「薬」であるが、それを飲まされた夫にしてみれば、明らかに邪術を行使されたことになる。邪術の行使とは、こうした両義的なものであるが、この例は、チェワの社会で邪術が実際に行使されているということの貴重な証拠といえる。

また、別の折には、次の国会議員選挙に出るという現職の議員が選挙に勝つ「薬」を求めてやってきた。ファクソンは、いくつかの成分のほかに、ザンビア国旗の切れ端を入れた小袋を渡し、常に身に着けておくようにと、その議員に伝えた。ザンビア国旗の切れ端を入れたのは、「国旗はすべての人が見上げる。ゆえに、この『薬』の持ち主も、誰からも見上げられるようになる」からだという。ここでも、「薬」の効能は、素材の性質に着目した比喩によって説明されている。と同時に、この例は、呪薬ともいえるチェワの「薬」が、私たち日本人の用いる「お守り」と、さほど距離のある代物ではないことを示すものとして興味深い。

こうした現場での用法の観察と腊葉標本の製作、そしてハーバリウム等での素材の同定を通じて、最終的に、動植物合計三四四方名種の七七一の「薬」としての用法を明らかにすることができた。その成果は、「チェワ族の「薬」――動植物利用の一断面」（一九九〇）と題する論文にまとめた。

ただ、その調査の大部分は、帰国前の数か月で急速に進展したものである。すでにザンビアへの入国から一年が過ぎた一九八四年の三月の末、私は目的としていたニャウへの加入も果たせず、また手を付けた「薬」の調査もはかどらず、闇の中をさまよっているような思いに沈んでいた。ある夜、日本を出てもう一年が経ったという話が出た折、私は妻の真理子に謝ったことを覚えている。

「ごめんなさい。こうやって一緒に来てもらったけど、一年以上経ってもまだ何もできていない。この調査は失敗だった。ごめんなさい。許してください」と。

ニャウへの加入

ニャウの舞踊は、死者の葬儀、とくに喪明けの儀礼ボナに合わせて催される。この儀礼には、大量のトウモロコシの酒が必要になる。このため、儀礼がおこなわれるのは、トウモロコシの収穫が終わった時期に集中する。雨季が明けた四月ごろから、近隣のあちこちの村でボナの儀礼が開かれるようになる。ニャウの踊りがあるという情報が入ると、私は必ず踊りの場へ行って、徹夜の踊りであろうと、最初から最後まで踊りを見ることを繰り返した。そうするうち、ニャウのメンバーの何人かの男たちが、

「お前、そんなにニャウが好きか。それなら、お前もニャウに入ってみるか」

と尋ねてくれるようになった。じつは、私は、そのことをひたすら待ち続けていたのである。思い切って、ムワンガラのチーフに、ニャウの男たちがニャウへの加入を誘ってくれていること、私自身、ニャウの結社への加入の強い希望をもっていることを伝えた。私たちの滞在するカリザの村で、近隣の村の長老たちを集めて集会が開かれ、私のニャウへの加入が議論された。加入は認められた。私が、加入儀礼を受け、ニャウの正式のメンバーになったのは、一九八五年五月二十五日の

ことである。すでに日本を出て一年と二か月が経とうとしていた。

その日、ニャウに加入することになったのは、私と十三、四歳の年齢に達した村の少年三人の計四名であった。新たにニャウに加入するものは、ナムワリと呼ばれる。儀礼の開始を待つあいだ、私たちは長老からことあるごとに聞かされた。

「何があってもけっして逃げるな。逃げ帰ってきたら、帰ったあとで鼻血を出して死んでしまうぞ。いいか。何があってもけっして逃げるな」

それにしても、これからいったい何が起こるというのか。結社に加入する前の私たちには、何ひとつ知らされていない。不安がないと言えばうそになる。ただ、年端もゆかぬ子供たちに耐えられるものが、自分に耐えられないはずはない。儀礼が始まり、導師に連れられてブッシュに分け入ってゆくとき、私は少年の日に味わった胸の高鳴りを久しぶりに覚えた。

前方の茂みの奥から、煙の上がっているのが見えた。そこが私たちの連れていかれるところらしい。先頭を進んでいた導師が、その方向に向かって声をかける。

「おーい。今から行くぞ。死者を連れて、そちらに行くぞ」

死者とは私たちのことをさしているらしい。と、思う間もなく、四方から奇声が上がった。

「アーイ、アイ、アイ。死者だ、死者だ。ウォー、ウォー、ウォー、ウォー」

ニャウの声である。今まで凪にそよいでいた木々のあいだから、突然、ムチを持った男たちが姿を現し、私たちに向かって襲い掛かってきた。導師や周りの長老たちがそれを防ごうとする。あと

写真29　ムチ打ちが終わると、ニャウへの新たな加入者は一か所に引き据えられ、ニャウのメンバーから訓戒を与えられる。写真は、私自身が加入を果たしたのち、数か月経って開かれた儀礼での一場面。カリザ村、ザンビア。1985年8月撮影。

は、攻守入り乱れてのムチ打ちの応酬である。その間、私たちにはただ背を丸めて耐えることしか許されていない。どれほどの時間が経っただろう。ニャウのリーダーの「クワォ（もとへ）」の声を合図に、私たちは近くにあった川のほとりの小さな窪みに引き据えられた。しかも、膝を抱え、その膝のあいだに頭を押し込んだ姿勢でいることを強いられる。加入儀礼を受ける者にとって、年長のメンバーの言葉は絶対的な重みをもっている。

うずくまった私たちの前に男たちが並び、噛んで含めるように訓戒を垂れる（写真29）。

「今日、お前たちはニャウの領分にやってきた。これで、お前たちは一人前になったのだ。今日を境に子供じみたふるまいはやめなければならない。もう、幼子と遊ぶことも許されない。これから、お前たちはニャウについてさまざまなことを学ぶだろう。しかし、村に帰っても、それをけっして女・子供に漏らしてはならない。さもないと、鼻血を出して死ぬことになるぞ」

ひととおりの訓戒が終わると、ニャウの男たちは交代で私たちナムワリの前に立ち、一人一人のかつての悪行の数々を並べ立てては、その数だけしたたかにムチで打ち据える。

「おまえは、うちの畑に忍び込んで、サツマイモを盗んだだろう。二度と繰り返すな。さもないと、鼻血を出して死ぬことになるぞ」

幸い、私はこのムチ打ちはまぬかれることができた。

「ヨシダは、今のところ悪いことはしていない」

導師のその言葉に助けられたのである。

「顔をあげてみろ」

その言葉に誘われて、ふと見上げると、仮面を頭の上に乗せ、顔をあらわにした顔見知りの男の姿が目に入った。この瞬間、私たちは、ニャウが死者ではなく、村の男たちが仮面をかぶって変装したものだという事実を開示されたのである。さらに周りを見回せば、トウモロコシの苞（穂の皮）で表面を覆った、さまざまな動物の姿形をしたかぶり物が並んでいる。ニャウ・ヨレンバの数かずだという。これまで見物したニャウの踊りでも、夜半に村の広場に登場していたというが、闇のなかで、私にはそれがどのようなものなのか判別できなかった。昼間の太陽の光の下でニャウ・ヨレンバを見るのはそれがはじめてであった。先ほど見えた煙は、そのニャウ・ヨレンバの製作に使ったトウモロコシの苞や樹皮の残りを燃やしたものであった。

この日から私たちは、夜は村に帰って眠ることを許されるものの、昼間は一日中ブッシュの一角にこもって、ニャウにまつわる種々の教育をうけることになる。しかも、朝は人びとが起きだす前にブッシュへ行き、夜は人びとが寝静まってから村へ戻らなければならない。村人、とくに女性や子供たちに姿を見られることは徹底的に忌避されるのである。

加入儀礼の期間中に、新たな加入者に授けられる教育の内容は多岐にわたる。秘密の用語や問答の教授、仮面の作り方、踊り方、一人前の男性としての礼儀作法などである。なかでもまっさきに教えられるのが、秘密の用語と問答である。

ニャウに関する秘密の要点は、ニャウが人間の変装したものだという一点にある。男たちは、その秘密を守るためにさまざまな仕掛けを整えている。たとえば、ニャウは裏声や鼻声など擬声を用いて話す。また、ニャウの仮面は、村から遠く離れた森の奥で製作される。これらと並んで重要な仕掛けが、ニャウの内部における秘密の用語と問答の使用である。男たちは、仮面の製作に必要な道具や材料に通常のチェワ語の名称とは異なった名称を与えている。それによって、自分たちの会話の内容を女性や子供たちからカモフラージュしようというのである。また、ニャウの内部では、なぞなぞの形式をもった問答が多数共有されている。それらの問答は、外部の人間が入ってきた場合、その人物が結社のメンバーかどうかを判定するのに用いられる。こうした秘密の用語や問答を含めて、ニャウの活動中に見聞きすることは、いっさい結社の外に漏らしてはならない、とされる。万が一、秘密を漏らしたものは、鼻血を出して死ぬといわれている。

実のところ、私は本書の記述を通じて、ニャウの秘密の一部を明かしていることになる。この点については、あらかじめ許可を得ている。私と妻の会話を耳にしていた結社のメンバーたちは、その内容がまったくわからず、日本語を秘密の用語と同様のものとみなしてくれた。そして、日本語で秘密を明かすことを許容してくれたのである。一方で、英語での論述にあたっては、公開の場で撮影した写真以外のものは掲載しないなど、いくつかの制限を課され、今もその制限を守っている。

外に向かっては、秘密の順守が強調されるが、実際には、ニャウの秘密を教えることを条件に女性との交際を迫る男はあとを絶たず、また夫婦のあいだでニャウの秘密が暴露されることもごくふつうにみられる。このため、女たちも、ニャウが村の男たちの変装したものだという事実を知っている。ただ、そのことが第三者に知れると、男女を問わず厳しい制裁措置を受ける。とくに女性は強制的にニャウに加入させられる。このため、女たちはあくまでもニャウがなんであるかを知らないふりをする。ニャウをめぐって、社会全体で芝居をしているといってよいだろう。

ただ、このことは、ニャウの活動が単なる演技だという意味ではない。男たちは、仮面をかぶると、踊り手の身体に死者の霊がとり憑くと考えている。このような信念のゆえに、踊りの広場で観衆とニャウの踊り手が交歓することは、そのまま死者の霊を慰めることにつながるという。葬送儀礼がニャウの活動の主要な場になる理由はここにある。

数日後、ひと通りの教育が済んだところで、私たちナムワリは導師とニャウに伴われて村の両親のもとへ送り届けられることになった。私の場合は、アシスタントを務めてくれているモゼスの家に導かれた。彼が親がわりというわけである。家の中でモゼスが、下を向いてうずくまっている私に向かって言う。

「おまえは今日、一人前の大人になった。もはや、父母の寝所に足を踏み入れてはならない。今日からは自分の力で生きるのだ。また、二度と、料理用の壺に手を触れてはならない。それは、女たちの仕事なのだから。礼儀をわきまえろ。そして、これからは、一人前の男として葬儀に加わるのだ」

最後の「一人前の男として葬儀に加わる」というのは、葬儀の執行を主たる任務とするニャウのメンバーとして、私が正式に認められたことを意味している。そのときはじめて、私はチェワの文化の入り口に立つことができたのである。

葬送儀礼

繰り返しになるが、ニャウの主たる役割は、死者の葬送儀礼、とりわけボナと呼ばれる喪明けの儀礼で舞踊を演じることである。ニャウへの新たな加入の儀礼も、このボナの機会に合わせておこなわれるのが常である。ただ、それでは、私のニャウへの加入も、誰かの喪明けの儀礼を待ってしかおこなえないことになる。私の加入儀礼は、ムワンガラのチーフの配慮で、特別に独立した形でおこなわれたものである。

カリザ村から数キロ離れたラヴ村でボナの儀礼が開かれるという知らせが入ったのは、私がニャウに加入してから三か月も経った、九月も半ばになってからのことであった。

そのボナの儀礼は、この地域で広大な農園を営んでいたカセニ（以下、人名はいずれも仮名）という人物のためにおこなわれた。彼は、この前年、親族の一人の邪術のために亡くなったとされていた。

チェワの葬送儀礼は、埋葬のあと、一年程度の喪の期間を置いて、喪明けの儀礼ボナを催すというプロセスをたどっておこなわれる。ニャウの踊り手が登場するのは、とりわけ、このボナの儀礼の場である。

ボナの儀礼は、チェワの主作物であるトウモロコシを用いた酒造りと並行して進められる。酒は仕込みから一週間で出来上がるが、この期間中、毎日ニャウの踊り手が村に登場し、酒造りを手伝うとともに踊りを演じる、というのが喪明けの儀礼の基本的な手順である。

実際には、酒の仕込みからさらに一週間ほどさかのぼった日から人びとは準備の作業を開始する。作業の開始の前日の夜には、村はずれの広場でかがり火を炊き、ニャウの踊りが催される。そして、その場で、ニャウの結社のリーダーの口から喪明けの儀礼の準備の開始が宣言される。カセニのためのボナの際も同様であった。この翌日から、女たちは村で酒造りを、男たちは森にこもって、木の枝や草を編み、大きなかぶりもの形の仮面「ニャウ・ヨレンバ」の製作を進めていくことになる（写真30）。

適齢に達した少年たちのニャウへの加入儀礼も、こうした喪明けの儀礼の機会をとらえておこな

写真30　カモシカをかたどったニャウ・ヨレンバの製作風景。木の枠に草をかけて縛るという方法は、男たちの仕事とされる、家の屋根葺きの技法の転用である。ラヴ村、ザンビア。1985年９月撮影。

われるのが本来のかたちである。少年たちは、儀礼の準備の開始が宣言された、その同じ夜から、導師役の、結社のメンバーの男のもとに隔離される。以後、喪明けの儀礼の終わるまで、少年たちはニャウ・ヨレンバの製作される秘密の場所にこもり、ニャウ・ヨレンバの製作や、覆面・木製仮面の補修を手伝うことで、その技術を学ぶとともに、秘密の用語や一人前の男性としてのたしなみについての教えを受けるのである。

酒造りが進み、あと一日、火にかければ酒が出来上がるという日の前夜、村のなかの広場で徹夜の仮面舞踊が繰り広げられた。この夜には、近隣にみられるさまざまなニャウが登場した。ニャウ・ヨレンバもこの夜に向けて製作されてきたものである。ハイエナ、カメ（写真31）、ゾウなど、野生動物をかた

写真31　ハイエナ（フィスィ）とカメ（フル）のニャウ・ヨレンバ。ラヴ村、ザンビア。1985年9月撮影。

どったもののほかに、この夜には自動車をかたどったニャウ・ヨレンバも登場した（写真32）。

夜明け前になって、何体ものかぶりものとともに、ひときわ大きなカモシカの姿をしたニャウ・ヨレンバが現れた。このカモシカのかぶりものは、とくにカスィヤ・マリロ「死者を送り届けるもの」と呼ばれている。カスィヤ・マリロは、死者の家の前へ行き、ひたすら旋回を繰り返す（写真33）。それは、埋葬後もまだ地上に残っていた死者の霊をその身の中に取り込むためだという。踊りを終えたカスィヤ・マリロは、他のかぶりものとともに、森に姿を消す。森に入ると、カスィヤ・マリロをはじめ、すべてのニャウ・ヨレンバに、いっせいに火がかけられる。そこから立ち上る煙が空に消えるとき、死者の霊も祖先の仲間入りをし、将来子孫の中に生まれ代わってくるとされている。

写真32　自動車（ガリモト）をかたどったニャウ・ヨレンバ。死者の霊が墓場から自動車に乗ってやってきたという設定になる。AAF は、私の車のナンバーの一部。ラヴ村、ザンビア。1985年 9 月撮影。

写真33　カモシカをかたどったニャウ・ヨレンバのひとつ、カスィヤ・マリロ（死者を送り届けるもの）が、死者の家の前で旋回を繰り返す。そうして死者の霊をその体の内に取り込むのだという。ラヴ村、ザンビア。1985年 9 月撮影。

ニャウ・ヨレンバが燃やされた朝、人びとは出来上がった酒を飲み続ける。昼過ぎ、仮面舞踊が始まった。昼間に大規模な仮面舞踊が催されるのは、この機会が、喪明けの儀礼の全期間を通じて最初で最後である。木製仮面をかぶった踊り手が登場するのは、ほとんどこの昼間の舞踊の機会に限られる。夕刻、残っていた酒が、女たちとニャウの男たちに配られるのを機に、すべての舞踊が終わる。儀礼の期間中、隔離され、加入儀礼を受けていた子供たちも、親のもとへ送り届けられ、喪明けの儀礼は幕を閉じた。

女性の成人儀礼チナムワリ

乾季のあいだ、夜には必ずどこかの村でドラムの音が響いていた。とくに葬儀がなくとも、村の外の広場で催される限り、ニャウの踊りを妨げるものは何もない。ドラムの音に誘われて、夜道をたどり、よその村まで踊りを見に行くのもまた楽しいものだ。いつの間にか、私にとっても、ニャウは「調査」や「理解」の対象ではなく、「楽しむ」ための対象になっていったのかもしれない。ただ、それでもなお、どうも気にかかることがひとつあった。どこかで耳にした「ニャウとチナムワリはひとつのもの」という言葉である。

すでに触れたとおり、チナムワリというのは、女性の成人儀礼のことである。ニャウへの加入がチェワの男性が一人前になるために不可欠であるように、チナムワリの儀礼はチェワの女性が一人前になるためにどうしても受けなければならない儀礼だといわれる。しかも、ニャウのなかで授けられる知識が男性だけの秘密とされるのに対し、チナムワリで伝えられる知識は、その儀礼を受けた女性だけの秘密とされている。その限りにおいて、たしかにニャウとチナムワリは一対のものだということになる。ニャウの活動がチェワの人びとの世界観のなかでどのような位置を占めているのかを知るためにも、チナムワリについての知識が必要だと思われた。とはいえ、男性である私には、チナムワリに加わるすべがない。私は、同行してくれていた妻・真理子の協力を求めることにした。

チナムワリの儀礼は、初潮を迎えた少女のために実施される。このため、少女の結婚の前におこなわれるのが常である。すでに結婚している真理子のために、チナムワリの儀礼を催すというのは、理に合わない。このため、彼女は、まず、長老女性から個人的にチナムワリの教育を受け、その後、すでに知識を身に着けた者として、近隣で催されるチナムワリの儀礼に他の成人女性らに交じって参加することで、情報を集めてくれた。チナムワリの踊りは、日ごろ水汲みを手伝ってくれる、アリナやレクシーヌという、真理子の友人たちが、夕食後にやってきては教えてくれた（写真34）。ここからは、妻に語ってもらったほうがよさそうだ。

「チナムワリは、初潮を迎えた少女を何週間にもわたって村の中のひとつの家のなかに隔離し、その少女に一人前の女性としてのたしなみを教える儀礼です。その教育の内容はといえば、ごく一般的な礼儀作法から、生理の処理の仕方や性交の体位、出産の際のいきみ方にまで及びます。とくに強調されるのは、出産の場面に男性を立ち会わせたり、生理中であることを男性に気づかれては

写真34　夕食後、村の娘たちが、妻・吉田真理子にチナムワリの踊りを教えに来てくれる。カリザ村、ザンビア。1985年７月撮影。

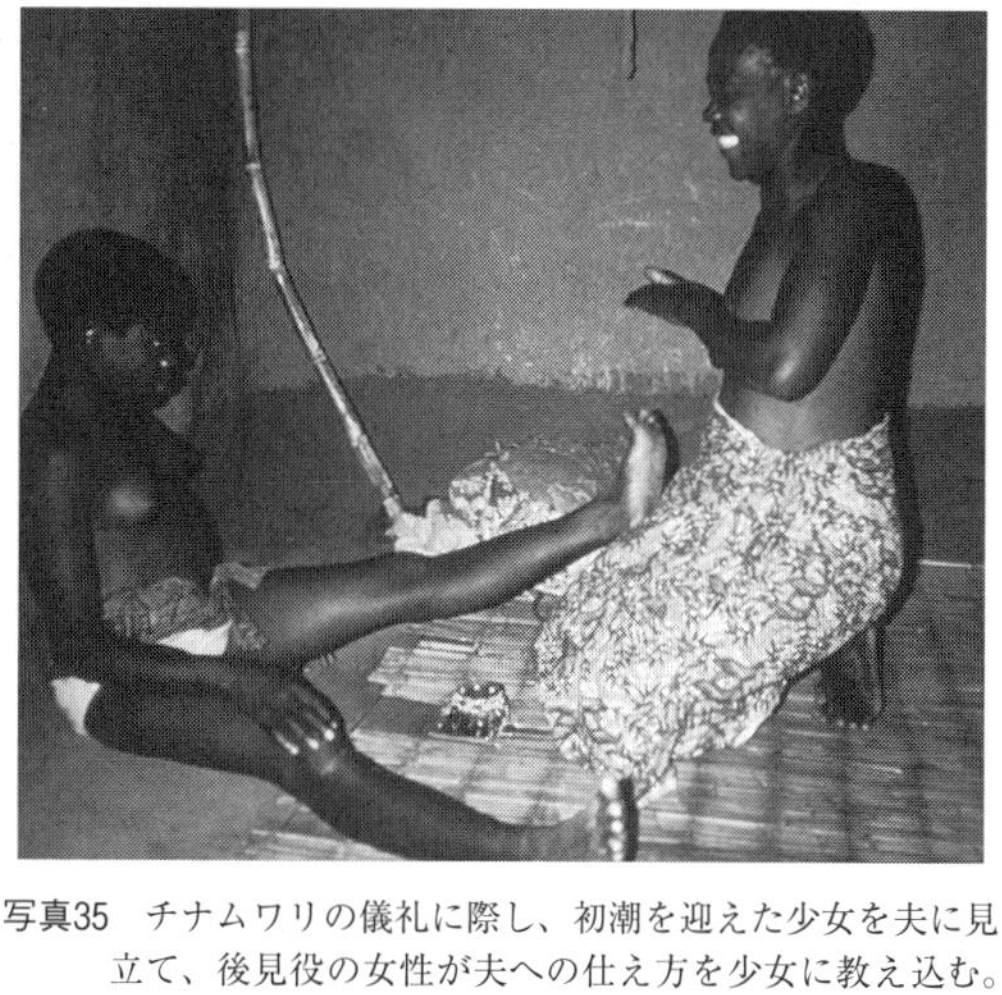

写真35　チナムワリの儀礼に際し、初潮を迎えた少女を夫に見立て、後見役の女性が夫への仕え方を少女に教え込む。カリザ村、ザンビア。1985年７月、吉田真理子撮影。

写真36　チナムワリの儀礼で製作される動物の粘土像。右端がニシキヘビの像。40年間途絶えていたものを再現してもらった。カリザ村、ザンビア。1985年10月撮影。

写真37　チナムワリの儀礼を終えて親のもとへ送り届けられる少女の体には、赤、白、黒の斑点が施される。この斑点は、ニシキヘビの体の模様をまねたものだという。ンゼングウェ村、ザンビア。1985年7月、吉田真理子撮影。

ならないという点です。後見役の女性と少女のあいだで一対一でなされる教育（写真35）の合間には、村の女たちも詰めかけ、ドラムを叩いて少女にさまざまな歌と踊りを教えます。それらの歌と踊りの大半は、礼儀作法についてのものか、性生活についてのものです。古くは、儀礼の最終段階になって、森の中で動物の粘土像がつくられ、そのまわりで少女が踊らされたといいます。私たちの住んでいた村では、四十年近く途絶えていたというその粘土像の製作を、私は村の長老の女性に頼んで再現してもらいました（写真36）。作られる像は、ニシキヘビやワニ、カメなど、水に住む動物をかたどったものが大半でした。像には、いずれも、赤、白、黒の斑点が着けられますが、これはニシキヘビの体の模様にちなんだものだといわれます。今では、こうした粘土像は作られませんが、それでも、儀礼を終えた両親のもとへ届けられる少女の体には、同じような斑点が施されます（写真37）。そして、この斑点もまた、ニシキヘビの体の模様をまねたものだといいます」

ニャウとチナムワリ

チェワの人びとのあいだでは、ニシキヘビは、雨をもたらし、大地と人間の豊饒多産を司る神「チャウタ」の使者だと考えられている。また、植民地時代以前は、チナムワリの儀礼はニシキヘビの霊媒のもとで実施されていたともいわれる。初潮を迎え、生殖力を獲得したそのときに、少女が豊饒多産のイメージを喚起するニシキヘビと結びつけられるというのは偶然ではないであろう。この場面に限らず、チナムワリの儀礼は、一貫して生殖をテーマにして進められている。それは、男たちの組織するニャウの結社が死者の葬送にかかわるのときわめて対照的である。

チナムワリの儀礼について、ある程度の知識が得られたころになって、ニャウの男たちから興味深い発言が飛び出した。いや、それまでにも同じことは聞かされていたのかもしれない。ただ、チナムワリの何たるかを知らない私には、その発言の意味が十分に理解できなかったに違いない。男たちは、こう言ったのである。

「女たちが出産を秘密にするから、俺たちは死を秘密にするんだ」

ここで、「女たちが出産を秘密にする」というのは、女たちが出産の場から男たちを締め出し、子供がどこから生まれてくるかをチナムワリの儀礼を受けた女性だけの秘密にしていることをさしている。一方、男たちが「死を秘密にする」というのは、死者の葬儀をニャウが営み、死者の埋葬や死者の霊を祖先の霊に移行させるプロセスを女たちに明かさないことをさす。秘密にするかどうかは別にして、女性が出産を担うのは生物学的な事実だが、男性が死を担わなければならない必然性はない。それは、文化的虚構にほかならない。

男たちはまた、葬送儀礼に登場するニャウ・ヨレンバは、チナムワリで作られる動物の粘土像を盗み見した男が、あとからそれをまねて作り出したものだという伝承があることも教えてくれた。そして、彼らは、女たちの作る動物像は粘土製でじっとしていて動かないが、自分たちが作るニャウ・ヨレンバは、その中に人が入って自由に踊れると誇らしげに語るのである。私はそのとき、女性が出産を担うという厳然たる事実を前にして、男たちが、いわばそれに対抗するかたちで、死を担うニャウという仮面結社を作り上げたのではないかと思った。

母系制をとるチェワの社会では、男性は非常に不安定な立場におかれている。この社会では、子供は、その父でなく、母の兄弟が養う。このため、たとえ父がいなくとも、子供の養育という点ではさしたる支障がない。このため、離婚が頻発する。そのうえ、結婚後は夫が妻のもとで暮らすという妻方居住が原則であるから、結果として、多くの男性は一生のあいだに幾度か結婚と離婚を繰り返し、そのたびに新しい土地に住むという生活を強いられる。もちろん、彼らも、自分の姉妹の子供たち、つまり甥や姪に対しては養育の義務を負い、強い発言権をもっている。しかし、その甥や姪たちはそれぞれの母のもとで暮らしている以上、そうした発言権を行使できる機会は限られている。もともと、男性にとって、結婚後に生まれてきた子供が自分の子であるかどうかは、そう信じる以外ないという性格のものである。生殖のうえでも、また生活のうえでも、女性に比べてたいへんあいまいな立場におかれているチェワの男たちは、ニャウの仮面結社を作り上げることによって、あるいはその活動に参加することによって、はじめて人間の生と死のサイクルのなかに自分たちの居場所を見いだしたのではないだろうか。少なくとも、ニャウの活動とチナムワリという儀礼によって、この社会における男性であること、女性であることの経験が形作られていっていることは確かである。

ニャウの儀礼をつぶさに観察し、チナムワリの儀礼についての情報もひととおり手に入れ、「薬」に用いられる植物の腊葉標本づくりもひと段落すると、私たちの村での滞在の期限は、瞬く間にやってきた。今回も、調査は、滞在の半分を過ぎてから、とくに最後の半年で急速に進んだ。フィールドワークの前半は、そのための準備期間、とくに人間関係を作るのに必要な時間なのかもしれない。遅々としてはかどらない作業にチェワの社会を選んだことを後悔し、今度の調査は失敗だと嘆いたこともあった。しかし、ニャウへの加入を果たし、一年半に及ぶチェワの村での滞在を終えようとする今、チェワを選んで本当によかったと心から思う。その思いは、妻の真理子も同じであった。

「ニャウとチナムワリ。チェワの人びとは、本当に素敵なものをもっているわね」

と真理子が言った。ニャウのなかでも、ニャウ・ヨレンバは、儀礼のたびに製作され、儀礼が終われば焼却される。創造と破壊の繰り返し。しかし、その一回性が、人びとの創造性を刺激しているることは間違いない。同じことは、一人一人の少女のために、その人生にただ一度だけ催されるチナムワリにもあてはまるだろう。かつてチナムワリの祭司を務めていたというニシキヘビの霊媒と、ニャウ、それに邪術師は、互いに避けあうといわれる。ニャウとチナムワリという、つかの間の儀礼のあいだだけ、人びとは邪術の恐怖からも解放され、創造の喜びを全身で享受しているようにみえる。このニャウとチナムワリという慣習が、チェワの人びとの世界観を形作るとともに、この社会の活性剤になっていることは間違いないようだ。

私たちが村を離れる日が近づくと、お別れのニャウの踊りを催すと言って、何人かのメンバーがニャウの踊りに用いる私の歌を作ってくれた。

アヨシダ　スィティカワオナ
アカクウェラ　ンデケ
アカクウェラ　ンデケ
カヤ　ムビリ　カヤ

「ヨシダとは　もう会えない
あの人たちは、飛行機に乗って行く
あの人たちは、飛行機に乗って行く
思い出だけが残る」

アヨシダ　エー
アルピタ　クワオ
アヨシダ　エー
アルピタ　クワオ
クジャパニ　マンガランディ

「ヨシダさん　エー
あの人たちは故郷へ帰る
ヨシダさん　エー
あの人たちは故郷へ帰る
日本という、イギリスのむこうの国へ」

村を出る日、朝から我が家の周りには人だかりができていた。ドラムが叩かれ、人びとに交じってニャウも踊っている。歌は、例の私の歌であった。

家の中の片付けも終わって、外へ出る。家は、アシスタントを務めてくれたモゼスに譲ることにした。人びとに最後の別れの挨拶をした。私の挨拶の言葉が済むと、人びとがどっと詰め寄ってきて握手の嵐になった。私は男たちと。真理子は女たちと。真理子の友人のアリナも泣いている。レクシーナも泣いている。もちろん、真理子も。

ゆっくりと走り出す私たちの車を、人びとは私たちの名を呼びながら村はずれまで追いかけてきた。車のハンドルを握る私まで、涙があふれてきた。ニャウの歌を思い出すと眼が潤む。ぐっと手を握り返したモゼスの顔を思い出すと眼が潤む。涙にぬれたアリナの表情を思い出しては、眼が潤む。どうしてこんなに泣き虫になってしまったのだろう。真理子に「情けない」と言われるが、どうしようもない。単なる「調査する側」と「調査される側」の関係でないなにがしかの関係を、私たちはこの一年半の村での滞在で作りあげることができたような気はする。すぐにこの村には戻ってくると思いながらも、それがいつになるのか、見当がつかない。彼らの存在がだんだん遠くなっていくような気がして、また涙があふれる。その日の宿泊地、村から二〇〇キロほど離れたペタウケの町まで、涙が止まらなかった。つらい、ドライブであった。

六年ぶりの再訪

一九八六年の一月三十日に村を出、ルサカで大学への報告も済ませて、帰路にはヨーロッパ各地の民族学博物館を巡って、三月の半ばに、私たちは帰国した。それから六年間、私は村に戻る機会に恵まれなかった。

この間、まずは学位論文の執筆を進めた。チェワの社会にいて仮面結社ニャウとニシキヘビの霊媒、それに邪術師が互いに避けあうとされることを糸口に、この三者がチェワの人びとの生と死の経験をいかに組織化しているのかを論じた論文である。チェワの人びとのあいだでは、ニャウの仮面と霊媒の憑依、そして邪術の行使はまた、三者三様の人間から動物への変身の方法とも考えられている。「チェワ社会における仮面と変身信仰の研究」と題する論文で、私は大阪大学から学術博士の学位を得た。一九八九年のことである。それと前後して、一九八七年に大阪大学に職を得、さらに翌年、国立民族学博物館に転任した。一九九〇年から九一年にかけては、のちに述べるように、イギリスの大英博物館に客員研究員として滞在した。古い時代に収集されたアフリカの仮面をつぶさに見るためであった。こうした日々のため、結局、六年間、村へ戻る機会がなかったのである。

ただ、村での調査のアシスタントを務めてくれたモゼスとのあいだで、文通――とはいえ、片道二か月。手紙が途中で行方不明になることも多く、常に同じ内容の複数の封書を送るというかたちの文通である――は続けていた。そうした手紙のやりとりが途絶えてしばらく経った一九八八年の末に、日本にいた私は、カリザ村の属するチャディザ県の役所に勤める友人スンガンジャラから、一通の手紙を受け取った。その手紙には、次のようにしたためられていた。

「チャディザは、もうあなたのいたころのチャディザではなくなりました。モザンビークの反政府ゲリラ組織ＲＥＮＡＭＯ（モザンビーク民族抵抗運動）がこの地域一帯を襲い、人びとを殺し、家を焼き払い、牛を盗み続けているからです。いまや、ペンバ・モヨ首長領からムワンガラ首長領を経て、ムロロ首長領に至る地域に、人はほとんど住んでいません。大部分の人びとはこの地域を捨てて逃げてしまいました」

眼を疑うような内容であった。先に述べたように、私が二年間住んでいたカリザ村は、ザンビア領内のムワンガラ首長領に属し、モザンビークとの国境まで五キロメートルという位置にある。その手紙に、カリザ村がどうなったかは触れられていなかった。状況からすると、村も襲われたと判断する以外なかった。

すぐさまモゼスへ何通も手紙を出したが、いっこうに返事がない。モゼスは無事なのか。他の村人は、どうしているのか。村はどうなったのか。人びとの安否が気にはなりながらも、すぐには村へ戻る機会を得なかった。一九九二年になって、六年ぶりに、ようやく村に戻ることになった。

村に着いてみると、幸い、カリザ村そのものは無事であった。ＲＥＮＡＭＯの襲撃は二キロメートル離れた隣村にまでおよび、カリザの人びとも、その集落の住民らとともに一時はブッシュの中に身を隠していたが、襲撃が終わるとともに、村へ戻ったという。国境沿いの村々では、確かに多くの人が殺され、物資も略奪されていた。私の知人にも、亡くなった人物が何人もいた。この地域のチーフ、ムワンガラも王宮を襲われ、ザンビア領内に深く入ったもうひとつの宮殿に居を移していた。襲撃はその後も一年以上にわたっていく度か繰り返されたが、最終的にカリザ村に直接の被害はなかった。

モザンビークの反政府ゲリラ組織が、隣国のザンビア領内の村を襲うというのには、若干の説明が必要だろう。日本の自衛隊のPKO参加を機にひろく知られるようになったことであるが、ザンビアの隣国モザンビークでは、一九七五年のポルトガルからの独立の直後から、政権政党となったモザンビーク解放戦線（FRERIMO）と反政府組織のモザンビーク民族抵抗運動（RENAMO）のあいだで「内戦」が続いてきた。「内戦」とはいえ、その戦いは、もともと国内にあった対立によるというよりも、社会主義を標榜するFRERIMO政権の存在を恐れた隣国、当時のローデシアの白人政権や南アフリカのアパルトヘイト政権による政府転覆工作によるものであった。このため、当初、RENAMOは、戦闘人員の確保ができず、子供を誘拐し、兵士として徴用していく。少年兵の徴用が大きな問題となったのが、このモザンビーク内戦であった。

戦闘は長期間化していくが、一九八〇年代も末になると、RENAMOは、武力的に優勢なFRERIMOの率いる政府軍に押され、一部はザンビア国境付近にまで後退を余儀なくされた。しかも、RENAMOの兵士は、戦闘に明け暮れて、自分たちで畑を耕して食料を自給する余裕がない。いきおい、彼らは、一九八八年から九年にかけて、国境を越えてザンビア側にまで侵入し、国境近くの村々で略奪・暴行行為を働くにいたったのである。また、国境近くを走るバスも、しばしば襲撃の対象となった。

ＲＥＮＡＭＯの略奪は、モザンビーク政府軍とザンビア軍によるＲＥＮＡＭＯ挟撃作戦の結果、一九九〇年には終結する。この間、村の青年たちは、ザンビア軍に徴用され、国境警備の任にあたっていた。モゼスもその一人であった。彼との音信が途絶えたのは、それが理由であった。

元村長グンドゥザの死

確かに、村は無事であった。村人たちにも、おおむね変わりはなかった。ただ、カリザ村の元村長であるグンドゥザが亡くなっていた。先にみたとおり、グンドゥザは一九八五年の末に、ムワンガラのチーフのもとで開かれた裁判の場で、親族を含む数人の村人の死の責任を問われて、村から追放をされた人物である。ムワンガラのチーフの裁断は「チェワの領域から出て行け」というものであったが、裁判のあとも、グンドゥザは行く先が見つからないとして、私たちが村を離れた段階では、妻の出身村である隣村チムタンダに仮住まいしていた。そのグンドゥザが、一九八九年に亡くなっていたのである。人びとのうわさでは、隣村の村長を呪いに行って返り討ちにあったのが直接の原因だということであった。

チェワの人びとのあいだでは、彼のように、生前邪術を使って人を呪い殺すような人物は、死んだあと、ハイエナやライオンに変わると言われている。案の定、グンドゥザは、ハイエナに変わっていた。正確に言えば、ハイエナに変わったと言われていた。しかも、そのハイエナはたびたび村へやってきて家畜を襲っているという。村人たちは、そのハイエナがやってきて、「去年から今年にかけて、牛がもう何頭も殺された。このままでは、まだまだ牛が襲われる」と嘆くばかりであった。

死者のためにニャウを呼び、喪明けの儀礼「ボナ」を営めば、ハイエナに変わったような死者の霊も慰められて祖先の世界に行き、ハイエナも村にやってこなくなるという。亡くなったグンドゥザは、私のアシスタントのモゼスにとっては、「兄」（ムクル）――実際には、祖々母の姉妹の子。祖々母は「母」（マイ）と呼ばれるので、その子で自分の年長者は「兄」と呼ばれることになる――にあたる人物であり、モゼスは、「弟」（ムプラング）として、グンドゥザの葬儀を営むべき立場にある。彼としても、ボナの儀礼を営みたいのはやまやまであった。

しかし、この年一九九二年には、ザンビアを含む南部アフリカ一帯が二十世紀最悪という二年続きの大旱魃に襲われていた。とくに、この年には、主食になるトウモロコシは一粒も収穫できなかった。僅かな備蓄はほとんど底をつき、人びとは外国からの援助のトウモロコシに頼って、かろうじて生活していた。喪明けの儀礼「ボナ」は、トウモロコシの酒造りと並行して進められる。酒造りの期間中毎日ニャウが村に現れ、舞踊を演じる。その酒造りに、大量のトウモロコシが必要となる。今のモゼスに、それを手当てする余裕があろうはずもない。

「グンドゥザのボナが開けるのは、いつのことかわからない。それまで、あのハイエナが牛を盗み続けるかもしれないが、いまはどうしようもない」

モゼスは、いまいましげにそう言った。

喪主をつとめる

「援助するから、グンドゥザの喪明けの儀礼を今年、やるかい？」

それから三日ほど経って、私はモゼスに提案をした。いまでもグンドゥザの人なつこい表情が目にうかぶ。私には、彼が邪術師だとはとても思えない。それは別にしても、グンドゥザは、私を村に置いてくれた、恩人である。その彼のために、あるいは世話になった村の人たちのために、私にできることといえば限られている。こんなかたちででも、彼らの役に立てるのなら喜んで手を貸したい。まずは、そう思った。もちろん、その儀礼を営むことで、仮面結社の活動について、何か新たな知見が得られるかもしれないという、調査者としての思惑が働いていなかったと言えば嘘になる。

私の提案に対して、モゼスに異論はなかった。なにしろ、彼にとっては、年来の望みだったのである。早速、必要な物資の調達にあたった。まず、トウモロコシは、イギリスの援助機関オックスファムとかけあって、五〇〇キログラムを分けてもらった。つぎに、数週間にわたり儀礼の準備に従事する人びとの食料として、ブタ三頭、ヤギ一頭、それにニワトリ三羽を買い求めた。日本円にすれば、しめて二万五千円ほどの出費である。それで、人びとが安心できるようになるのなら、さしたる負担ではない。

とはいえ、これらの物資を私が提供したことが表に出れば、モゼスが他の村人たちから将来どんな妬みをかわないともかぎらない。そこで、すべての資金は、首都のルサカで商店を経営しているモゼスの姉ステリアから出たことにした。喪明けの儀礼「ボナ」は、「ボナの主《あるじ》」と呼ばれる喪主がいっさいをとりしきるが、それはあくまでもグンドゥザの「弟」のモゼスでなければならない、というのが私の考えであった。

この考えは、甘かった。ザンビア全体が旱魃で苦しんでいるときである。喪明けの儀礼を催す余裕のある者など、どこにもいるはずがない。すべての資金が私から出ていることはたちまち見破られてしまった。モゼスも、食料や酒の分配などでもめごとがおこったときには、「食料と酒の本当の持ち主はケンジだから」と、私に責任を転嫁するほうが気楽であった。けっきょく、準備が始まって二日も経たぬうちに、苦情の処理とその日その日の段取りを含め、私が全部の差配をするはめになってしまった。私自身が喪主をつとめることになったのである。

仮面舞踊の熱狂

酒が飲めるめったにない機会とあって、村人たちはいつにない熱心さで準備に協力してくれた。心配した酒造り用の水も、川床を五メートル以上掘り返してなんとか確保することができた。

女たちが村で酒造りを進めるあいだ（写真38）、男たちはブッシュにこもって仮面づくりに精を出す。とくに中心になるのが、儀礼の最終段階の踊りに登場する大きなかぶりもの形の仮面、ニャウ・ヨレンバの製作である。この作業にも、カリザ村の仮面結社のメンバーばかりでなく、近隣の村むらの結社のメンバーまでもが加わった。

写真38　ボナの儀礼に際して、女たちは村の中で酒造りに精を出す。カリザ村、ザンビア。1992年８月撮影。

ゾウ、カモシカ、ハイエナ、カメなどの野生動物のかぶりものに混じって、自動車やヘリコプターのかぶりものまでがつくられた（写真39）。ヘリコプターが登場したのは、長い伝統をもつチェワの仮面史上はじめてのことに違いない。製作の発案者で、モゼスの実弟にあたるヨセフによれば、ＲＥＮＡＭＯの襲撃のあと、救援のために近くの小学校の校庭に飛来したザンビア軍のヘリコプターを摸したのだということ。

ニャウ・ヨレンバは、結社のメンバーではない女性や子供たちには「森からやってきた野生動物」だと説明される。その野生動物を表すニャウ・ヨレンバに、ヘリコプターが含まれるというのは私にとっても驚きであった。そういえば、前回の滞在中にも、自動車をかたどったニャウ・ヨレンバが登場した。なぜ、自動車やヘリコプターといったものをニャウ・ヨレンバのなかに加えることができるのか。ニャウ・ヨレンバを製作中の男たちに聞いてみた。なかのひとりは、そばにいた

写真39　1992年の元村長グンドゥザのボナで、チェワの仮面史上はじめて登場したヘリコプターのニャウ・ヨレンバ「チョーパ」。カリザ村、ザンビア。1992年８月撮影。

もうひとりのメンバーと顔を見合わせながら、「そういうものは、もともとチェワの村になかったものだからなあ」と答えた。

なるほど、チェワの人びとにとって、自動車やヘリコプターも、村の外からやってきたものにほかならない。それらは、村の「内」と「外」、「村」（ムズィ）と「森」（チレ）という区別からすれば、いずれも村の「外」、つまり「森」に属し、その限りにおいて、野生動物と同じカテゴリーに包含されるというのである。ニャウ・ヨレンバは、村の「外」からやってくる存在をかたどったもの、いいかえればチェワの人びとにとっての村の「外」のイメージを形象化したものだということになる。

酒が出来上がる日の前夜、村の中の広場で夜を徹して仮面舞踊が演じられる。早魃

写真40　1992年の元村長グンドゥザのボナで、私自身が製作したカモシカをかたどったニャウ・ヨレンバ。「カスィヤ・マリロ（死者を送り届けるもの）」の役割を果たした。カリザ村、ザンビア。1992年８月撮影。

の年に催された唯一のボナの儀礼だけに、その夜、村は数千人の見物客でふくれあがり、夜店まで出るほどの盛況であった。

　木製の仮面や覆面を着けたニャウの踊り手たちが入れ替わり立ち替わり登場し、広場に集まった女たちの歌に合わせて舞踊を演じる。しばらくすると、人だかりをかきわけるようにして、完成したニャウ・ヨレンバが次から次へと登場した。星明りに映え、闇のなかに白くその姿をうかびあがらせたニャウ・ヨレンバが、ドラムの響きにあわせて激しく旋回を繰り返す。広場は異様な興奮に包まれる。

　夜半を過ぎたころ、カモシカをかたどったニャウ・ヨレンバがあらわれた。じつはそのニャウ・ヨレンバは、私自身が、ニャウのメンバーの男たちの助けを借りてつくり上げたものであった（写真40）。儀礼のなかでのその重要な役割にちなんで、カスィヤ・マリロ「死者を送り届けもの」と呼ばれるニャウ・ヨレンバである。広場での踊りのあと、カスィヤ・マリロは、歓声をあげる観衆をひきつれながら、死者の残した家の前に行き、執拗なまでに旋回を繰り返す。そうすることで、死後もまだ地上に残っていた死者の霊をその身の内に取り込むのである。踊り終えたカスィヤ・マリロは、そのまま森に姿を消した。森に入ると、すぐにカスィヤ・マリロには、火がかけられた。そこから立ちのぼる煙が空に消えるとき、死者の霊（チワンダ・チャ・ムントゥ・ワ・クファ）も祖霊（ミズィム）になるのだという。

カスィヤ・マリロの体からめらめらと立ちのぼる炎を見つめながら、モゼスが言った。

「もうこれで、あのハイエナも村へやってこなくなる」。

昼間の仮面舞踊

徹夜の舞踊が終わった朝、酒が出来上がる。夜明けまで踊り歌っていた人びとは、そのまま一日中酒を飲み続ける。昼すぎ、村の広場で再び仮面舞踊がおこなわれる。昼間に組織的な仮面舞踊が演じられるのは、ボナの全期間を通じてこれが最初で最後である。

この日の踊りは、儀礼が滞りなく終わったことを喜んで、死者が、祖先とともに、地上に姿を現す機会であるとされている。太陽の光のもとで踊りを披露できる数少ない機会である。この場には、色鮮やかに彩色された木製の仮面をつけたニャウも数多く登場する（写真41）。背の高い、竹馬に乗ったマカンジャというニャウも現れ、アクロバティックな踊りを披露する（写真20参照）。見上げるほど背が高いと言われる、死者の亡霊の姿を示すものだという。赤い仮面をつけ、ジーンズをは

写真41　木製の仮面をつけたニャウ・ヤマセチェ。足にガラガラ（マセチェ）をつけることからこの名がある。昼間の陽光のもとで舞踊がおこなわれる唯一の機会だけに、この日には鮮やかに彩色した木製仮面が多数登場してくる。カリザ村、ザンビア。2000年撮影。

写真42　左がスィリモニ。右がマリア。ともに聖書からその名がとられているが、いずれも「白人」の男女の行動を揶揄する舞踊を演じる。写真は、1984年の第１回クランバの機会に撮影したもの。ムカイカ、ザンビア。

いた踊り手はスィリモニと呼ばれる（写真42）。キリストの十二使徒のひとり、シモン・ペトロの名に由来するが、ペトロの仮面というのではなく、「白人」（ムズング）の男性を表した仮面であり、「白人」のふるまいを揶揄する舞踊を演じる。同じく赤や肌色の仮面をつけ、女性のいでたちで登場するニャウはマリアと呼ばれている。この場合も、聖母マリアの仮面というのでなく、「白人」の女性を表す仮面として性的な魅力を誇示する踊りを演じる。

死者の化身とされるニャウの仮面に、なぜ、「白人」の仮面が含まれるのだろうか。ニャウの男たちの解釈はこうである。死者は村の「外」の森の中に埋葬される。死者の霊もまた、ニャウ・ヨレンバが表す野生動物と同様、森の彼方からやってくる。はるか彼方の国からやってきた「白人」は、村の「外」、森からやってくるものとして、ニャウの仮面の列に加われるのだ、と。ニャウの仮面は、ニャウ・ヨレンバも含めて、村の「外」、森の彼方からやってくる存在を可視化したものにほかならないのである。

仮面結社が死者を浄化する

儀礼が終わって数日後、私は、儀礼の最初から頭の片隅にあった疑問をモゼスに素直にぶつけてみた。

モゼスは、以前からグンドゥザは邪術師だと断言していた。彼の姉の一人もまた、グンドゥザの邪術の犠牲になったと信じて疑わないふうである。それほどまでに憎いグンドゥザなら、葬儀をあげずにハイエナのままにしておこうとは思わないのか。それを彼に尋ねたのである。

チェワの人びとは、死者の霊は喪明けの儀礼「ボナ」を経て祖霊となり、将来、その子孫のあいだに生まれ変わってくるという。この祖先の「再生」は、生まれて来た子供に祖先の名前を継承させるというかたちで、きわめて具体的に認識されている。死後ハイエナに変わるような人物を、子孫のなかに生まれ変わらせてよいのか。それが私の疑問であった。

モゼスは、私の問いに、とんでもない、とでも言いたげな表情で答えた。

「そんなことをしたら、ハイエナはいつまでも村にやってきて牛や人を襲い続けるだけだ。死ねばハイエナに変わるような人物のためにこそ、どうしてもニャウを呼んで葬儀をあげなければいけないんだ」

私は、そのとき、チェワの人びとが、邪術を行使する人間は死ねばハイエナに変わるという信念をもちつつ、その一方で、人は死ねば将来子孫のなかに生まれ変わってくるという死生観を維持している背景には、ニャウという仮面結社のもつ死者の浄化作用が存在していると思った。逆に言えば、ハイエナに変わるような死者さえも将来子孫のなかに生まれ変わってくる祖先の列に加えてくれるニャウがあるからこそ、チェワの人びとは、われわれからみればいともたやすく死の原因を邪術のせいにしてしまうのだと言えるように思われる。そして、それが、カリザでの滞在のはじめにスティーヴ・チョンゴが口にした「仮面と邪術のあいだには何かつながりがあるんだろうか」という問いに対する、私なりの回答でもあった。

確かにその後、グンドゥザの変身したハイエナが村に現れたという話は、耳にしていない。

仮面舞踊の変容

こうしたニャウの仮面舞踊は、今、大きな変化にさらされている。

なかでも、もっとも大きなうねりがキリスト教の広がりと、それに合わせたキリスト教でいう聖霊（ホーリー・スピリット）の憑依の増加である。聖霊の憑依の存在は、一九八四年から八六年にかけて、私がはじめてチェワの村に入ったころにもすでに知られていた。聖霊に憑依された人物はアミズィム（ミズィムの人の意）と総称され、多くの場合、病気治療や託宣、邪術師の発見の能力を身につける。聖霊に憑依された人びとは、病気治療と託宣をおこなう霊媒を中心に教会組織を形成し、週に一度は集まって定期的な礼拝をおこなう。一九八六年までの段階でも、重病の際、村人の多くは在来の薬草医や占い師にかわって、アミズィムに頼ることが多くなっていた。しかし、そうした治療をおこなう霊媒の数は、半径十キロメートル圏内に一人程度のものであり、患者たちは長い距離を歩いて治療に通うというのが一般的であった。それが、六年経ち、九二年になると、各村にひとつはその種の教会が設立され、霊媒が治療にあたるという状況が生まれていた。一九九〇年ごろを境に、ザンビア東部州では、聖霊憑依の爆発的な増加をみたのである。

一九九〇年を挟んだ時期の、人びとのキリスト教へのこうした急速な傾倒を生み出した背景には、何があったのだろうか。因果関係を特定することは難しいにしても、この時期に、カリザ村を含め

写真43　1990年ごろから急速に信者を獲得していったズィオン聖霊教会の洗礼の様子。ヨルダン川での洗礼者ヨハネによる洗礼の場面もかくやと思わせる。ムロロ村、ザンビア。1994年撮影。

たザンビア東部州一帯が、二十世紀に入ってからでは未曾有の混乱を経験したのは事実である。隣国モザンビークの反政府ゲリラ組織RENAMOによる国境沿いの村むらの襲撃・略奪、大旱魃、複数政党制のもとではじめて成立した新政府による経済の自由化がひきおこした打撃。それにHIVの蔓延。一九九〇年前後に、東部州一帯はこうしたいわば三重苦・四重苦におそわれた。

　ザンビア東部州における、聖霊憑依をともなう教会は、いずれもズィオン聖霊教会（Zion Spirit Church）と自称している。ズィオン聖霊教会の信徒は、聖霊の憑依を聖書の記述の実現ととらえ、旧約聖書レビ記の記述のままに神にいけにえをささげ、その食物規制に従って生活を送る（写真43）。この教会の代表者、故ベンソン・チュングは、同教会の創設者がはじめて聖霊の憑依を体験したのは、一九〇八年のことだと主張していた。一九〇八年というのは、これまで、南アフリカで聖霊の降臨を伴うキリスト教会派が創始された年であり、南部アフリカにおけるこうしたキリスト教運動は、その後、南アフリカから周辺諸国に広がったと考えられてきた。もしも、一九〇八年にザンビアにおいて聖霊の憑依が確認されたとすれば、それは従来の見解を根底から覆すことになる。以来、私は、南部アフリカ全域をまわり、この信仰の淵源を探る旅を続けることになった。その過程は、近著『宗教の始原を求めて――南部アフリカ聖霊教会の人びと』（二〇一四）にまとめている。

はたして、こうしたキリスト教の聖霊信仰の急速な広がりは、チェワ社会における仮面結社ニャウの活動にどのような影響をおよぼしていくのか。ニャウの活動だけではない。ニャウの活動が支えている、死者は将来子孫の中に生まれ変わってくるという、チェワの死生観自体がどのように変化していくのか。私は、この社会の変動の大きな節目に立ち会っているように思えた。

一時は、キリスト教の広がりによって、仮面の伝統が絶えるのではないかとも危惧された。結論を先どりしていえば、それは杞憂に終わったようだ。一九九〇年代も後半になると、人びとは、状況に応じて、非常に柔軟に行動を選択するようになる。親族集団の重要人物が死んだ場合は、残された遺族は、自分がいかに厳格な教会に所属していても、一時的に教会を離脱し、仮面を呼んで伝統的な儀礼を従来どおり催したあと、ほとぼりが冷めるのを待って教会に戻るといった行動をとるようになっていく。しかも、従来から、重要人物のために伝統的なかたちで催す大規模な葬儀は、その直近に亡くなった親族の死者すべてを、その死者がキリスト教の信者かどうかにかかわらず、弔うことになると考えられてきている。このため、キリスト教の広がりが伝統的なチェワの死生観・再生観そのものに根本的な変化を迫るということは起こらなかったように思われる。ただ、仮面舞踊をともなう葬儀の数は減った。一方で、ひとつひとつの葬儀が大規模化する、祭典化するという傾向が顕著になってきている。

仮面の伝統をめぐるいまひとつの新たな動きは、ニャウの仮面舞踊が、二〇〇五年、同じザンビアのルヴァレの人たちが継承している割礼儀礼にまつわる仮面舞踊マキシとともに、日本の歌舞伎などとならんで、ユネスコの「人類の無形文化遺産に関する代表的リスト」、いわゆるユネスコの無形文化遺産に登録されたことである。そして、それをきっかけに、このチェワでも、またルヴァレでも、それぞれ祭りの場に博物館を作ろうという計画が動き出し、既に設計図も出来上がってきている。

二十数年前、私が調査を始めたときには、チェワという集団のあいだに仮面舞踊の伝統があること自体、ザンビアの外では、ほとんど知られていなかっただけに、感無量の思いがある。気がかりなのは、ザンビアの中で仮面を持っている社会は、むしろ例外的であり、このチェワとルヴァレに限られることである。その社会の仮面舞踊だけがユネスコの無形文化遺産に登録されたということは、今後、他の集団の舞踊にどのような影響をおよぼしていくのか。あるいは、これまで仮面をもっていなかった社会でも競って仮面を作るようになるのかもしれない。ユネスコの世界遺産や無形文化遺産という、文化のあいだに序列を持ち込む権力的な制度の行く末を、今、私は、かなりの危惧をもちつつ見守っている。

チェワに関しては、二〇〇七年のクランバで、さらに画期的な展開がみられた。チェワの人びと

写真44　2005年のニャウの踊りのユネスコの無形文化遺産登録を契機に、2007年のクランバの祭には、チェワの人びとの住むザンビア、モザンビーク、マラウイの3国の大統領がそろって参列した。写真中央が、ザンビアのムワナワサ大統領（当時）、その左がモザンビークのゲブーザ大統領、右がマラウイのムタリカ大統領（当時）。ムカイカ、ザンビア。

は、現在、ザンビア、マラウイ、モザンビークにまたがって住んでいるが、ザンビアでおこなわれたこの年のクランバの祭りに、これら三カ国の元首、大統領がこぞって参列したのである（写真44）。このようなかたちで、ひとつの民族がまたがって住んでいる国の元首が、その民族の祭りに集うということは、アフリカの歴史上、はじめての出来事であろう。各国の元首は、それぞれ、やはりチェワの踊りのユネスコの無形文化遺産指定を例に出し、チェワだけではなく、すべての民族の伝統文化の重要性の再認識の必要性を訴えるものであった。さらに、祭りのなかで、それぞれの大統領に引き連れられるかたちで、ザンビア以外のチェワのチーフたちも、自分たちの地域の仮面の踊り手を帯同し、仮面の踊り手たちが順にザンビアのチェワの王ガワ・ウンディの前で踊りを披露するという形で、式次第が組まれた。チェワの人びとは、自分たちがチェワ語をしゃべり、緩やかに同じチェワだという意識はもっているというものの、三カ国にまたがるチェワが、ザンビアのチェワの王の下に統合されているという認識は、これまでもっていなかった。それが、この年のクランバの祭を通じて、ひとつの王国としての一体性、アイデンティティが表明されたことになる。これまで、「遺産」などという意識なしに舞踊を伝承してきた人びとのあいだに、まったく新たな視点がもちこまれ、その「文化遺産」を通じて、新しい文化や新たな集団が作り上げられてきているのである。そこには、「文化遺産」という、現代が生み出した概念の可能性と同時に危うさもまたみて取れる。

今も私は、毎年のようにチェワの村を訪れ、この社会の変化を追い続けている。ザンビアの片隅の小さな村の生活は、間違いなく、地球規模の世界の動きとつながっている。

第四章　ミュージアムのフィールドワーク――文化の表象の探求と実践

民博第一回企画展「赤道アフリカの仮面」

一九八八年にチェワ社会の仮面に関する論文で博士の学位を取得した私は、着任したばかりの国立民族学博物館（民博）の第一回の企画展を担当することになり、「赤道アフリカの仮面――秘められた森の精霊たち」という展示を一九九〇年春に開催した。私にとっては、自らの手ではじめて企画した展覧会であった。

アフリカの仮面は、しばしば破天荒であるとか、荒削りであるとか形容される。仮面をはじめアフリカの造形が二十世紀西洋美術の展開に大きな影響を与えたことはよく知られているが、現実の再現をこととする自然主義的な美術伝統に浸っていたヨーロッパの芸術家たちにとって、もともとそれらの現実に存在するものの再現などを意図していないアフリカの造形が破天荒で荒削りに映ったのも無理はない。しかしながら、破天荒で荒削りだというのは、ヨーロッパや日本に住む者が、博物館やギャラリーに並べられた作品を、静止した状態で、しかも明るい照明のもとで見て得た印象にしかすぎない。

仮面は、それだけで独立した存在ではない。それは、本来、踊り手が衣装とともに身に着け、音楽に合わせて踊る場面で使用するものである。また、アフリカの場合、そのような仮面舞踊がしばしば夜から明け方にかけての闇の中で催されるという点も忘れてはならない。動物を表したものにしろ、人間の顔をモチーフにしたものにしろ、アフリカの仮面のなかに、対象の顕著な特徴をとらえ、それを破天荒にみえるほど大胆に強調したものが多いのは、それらの仮面が使用される場の状況と大きくかかわっている。かがり火だけの闇の中や、日差しの下でも踊り手の激しい動きに砂がもうもうと巻き上がるような状況では、仮面の顕著な特徴以外はもともと識別しえないのである。

新しく完成した民博特別展示館で開催した「赤道アフリカの仮面」展は、民博が創設以来十数年にわたって収集してきたアフリカの仮面を体系的に展示することで、アフリカの仮面文化の大要を紹介しようとしたものである。この展覧会では、仮面が実際に用いられている状況を象徴的な空間の中で再現し、仮面の生きた姿を伝えることに腐心した。

まず、仮面を用いる集団、つまり仮面結社の活動の類型をもとにアフリカを七つの地域に分け、各地域ごとに独立した部屋を設けた。その際、夜の雰囲気を出すため、各部屋を区切るのに黒い布を用いた。それぞれの部屋では、その地域でおこなわれる仮面を用いた舞踊や儀礼の場面をできるだけ再現した。そして、一点一点の仮面には、部屋（地域）ごとに色温度の異なる照明を当て、かがり火や月光、曙光に照らし出される仮面の姿を演出した。

展示の企画上、もっとも大きな問題は、民博には仮面は多く所蔵されていても、その仮面とともに用いられるべき衣裳が収蔵されていないということであった。しかし、だからといって、従来の仮面の展覧会のように仮面だけを並べるのでは、仮面を彫刻として展示するに留まってしまう。そこで、個々の仮面をポールの上に取り付け、そのポールにも背景と同じ黒い布をかぶせて、布のドレープで衣裳のイメージを出すことにした（写真45）。結局、用いた黒い布の総延長は、五〇〇〇メートルにも達した。

この展示会場の最後のコーナーには、それぞれ、カモシカ、ハイエナ、カメをかたどった仮面が三体並んでいた。仮面といっても、中に人間がすっぽりと入る大きなかぶりもの、すなわちニャウ・ヨレンバである（写真46）。

前章でみたとおり、ザンビアのチェワの人びとの喪明けの儀礼に登場するニャウ・ヨレンバは、死者の残した家へ行って踊りを演じたのち、森の中でひそかに燃やされる。そこから立ち上る煙が空に消えるとき、死者の霊も祖先の仲間入りをしたとみなされる。

このような、一度使用されるとただちに焼却されてしまうような仮面は収集することもできない。そこで、この「赤道アフリカの仮面」展にあたっては、私がニャウの結社に加入した際に学んだ技術をもとにして、ニャウ・ヨレンバを製作することにした。材料もできるだけ現地で用いられるのと同種のものを用いることにしたが、トウモロコシの苞（穂の皮）をはじめ、その材料の確保が一番の問題であった。ようやく確保できたトウモロコシの苞は、福井県産のものである。結局、日本製のニャウ・ヨレンバの完成までには、チェワの人びとがかける時間の何十倍もの時間を要したことになる。

写真45　1990年、国立民族学博物館企画展「赤道アフリカの仮面」の展示風景。黒い布のドレープで仮面で衣装のイメージを示した。

写真46　日本で製作し、展示したカモシカ、ハイエナ、カメのニャウ・ヨレンバ。1990年、国立民族学博物館「赤道アフリカの仮面」展にて。

この展覧会では、デザインからディスプレイに至るまで、服飾の分野で活躍されている多くの人びとの協力が不可欠であった。その人びとの力を得て、闇の中で繰り広げられる幻想的な仮面舞踊の場の空気が、かなりの程度、再現できたのではないかと思う。展示場の各所で、驚きともおののきともとれる声が上がっている。私には、その声が、アフリカの村で仮面と不意に出くわしたときに女性や子供たちがあげる喚声と、どこか似ているように思えてならなかった。

大英博物館

「赤道アフリカの仮面」展の閉幕後、一九九〇年から九一年にかけて、私は、イギリス・ロンドンの大英博物館（British Museum）に客員研究員として滞在する機会を得た。「赤道アフリカの仮面」展は民博の仮面のコレクションを用いた展示であったが、一部のヨーロッパのコレクターの所蔵品を買い取ったものを除けば、それらの仮面の多くは民博創設後、つまり一九七四年以降に収集されたものであり、いわば同時代のコレクションである。この点は、アフリカに限らず、たとえばメラネシアなど、民博に所蔵されているその他の地域の仮面についてもあてはまる。より古い時代に収集された仮面をじっくりと見て、仮面の形態と仮面にまつわる文化の変遷を跡づけたいというのが、大英博物館に滞在した所期の目的であった。

アフリカやメラネシアの仮面・彫像は、いまや民族芸術の代表としてもてはやされ、オークションにおいて高値で取引される一方、そうした作品の贋作やコピーが出回り、またそれらの作品をもとにした観光客向けの、いわゆるトゥーリスト・アートも大量に生み出されている。もちろん、このような動きは、必ずしも「伝統」の崩壊のしるしなどとして嘆くべきものではなく、むしろ文化のダイナミズムの証として、大いに注目してしかるべきものである。実際、村から町へ出た人たちが町で観光客向けに作られた仮面や彫像を買い込み、それを村に古くから伝わる儀礼で使用するといった例すらしばしば確認される。

ただ、そうした新たな動きを正当に評価し、位置づけるためにも、そのような動きが生じる前に収集された、いわば「古典的」な作品についての知識を蓄積しておくことが不可欠となる。一七五三年の創設以来の長い収集の歴史をほこる大英博物館は、まさにその作業にうってつけの場であると思えた。

私が所属したのは、大英博物館の民族誌部門である。当時、大英博物館の民族誌部門は、ブルームスベリーにある本館とは別の、ピカデリー・サーカス近くに独立した建物をもち、人類博物館(Museum of Mankind)の名で知られていた。当時のキーパー(民族誌部門部長)は、マルコム・マクロード。ガーナのアサンテ王国での長期間のフィールドワークで知られる人類学者である。私の滞在中に、キーパーの交代があり、マルコムの後を、ジョン・マックが継いだ。ジョンは、私とほぼ同時期に、南部スーダンに入り、共通の友人であるカスト・オレマを通じて、互いの動静を伝え聞いていた。「ああ、あのとき名を聞いた君か」とすぐに互いに打ち解けた。以来、これまで、彼は、私にとっても無二の親友である。ジョンのほかにも、ナイジェル・バーリー、クリス・スプリング、ブライアン・ダランズら、その後ともに仕事をしていくことになる親友たちとの、得難い出会いがあった。しかも、ロンドンという場所にいると、世界のアフリカ研究者、アフリカ美術研究者が、この地を、この博物館を訪れる。アメリカの一都市にいるよりはるかに多くのアメリカの研究者にもここで出会えた。今に続く私の研究者ネットワークは、まさにこのロンドンの地で築かれたものにほかならない。

滞在中、大英博物館所蔵のアフリカやメラネシアの仮面はすべて実見した。チェワのニャウの仮面について言えば、一九二九年五月六日にW・H・マーフィーという人物が寄贈した、ニヤサランド（当時）のチパタで収集した仮面が、最も古い収集例として確認できた。褐色に着色された木製の人面の頭部と眉の部分に人毛を植え付けた仮面であるが、この仮面は「チニャオ秘密結社仮面」として登録され、ニャウの仮面であることが明示されている（写真47）。同じ一九二九年には、W・メットカーフ夫人によってニヤサランドで収集された二点の仮面も登録されていた。ひとつは、眉から口元にかけて、ハート型の窪みが形作られ、そ

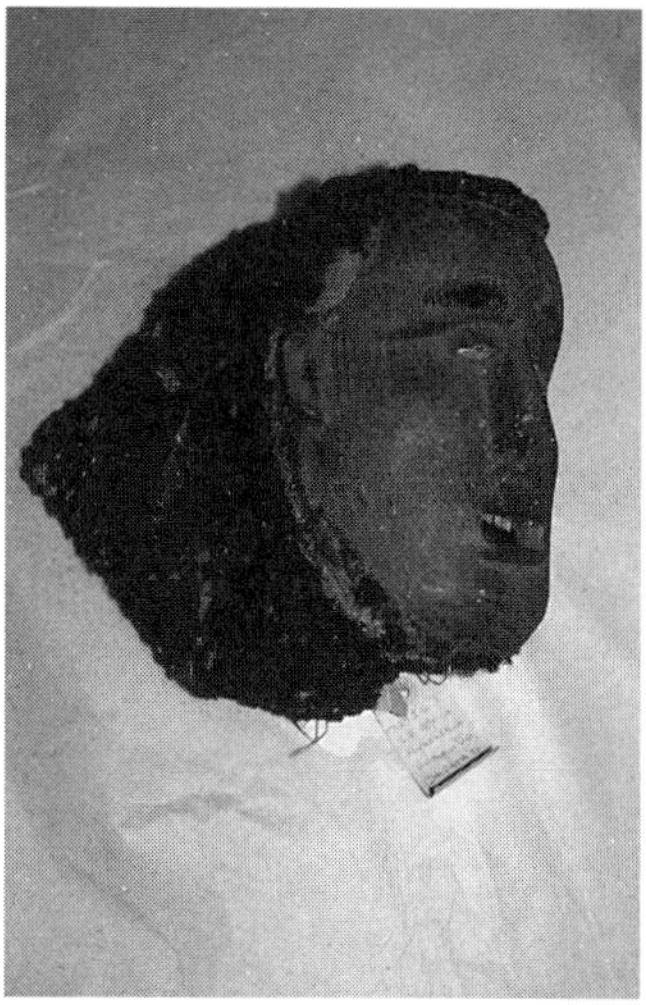

写真47　W・H・マーフィーによって1929年に大英博物館に寄贈されたニャウの仮面。「チニャオ秘密結社仮面」との記載がある。欧米の博物館によって収集されたチェワの仮面の最古の例と考えられる。

の内部に単純な造形の目と鼻と口が配置される人面で、もうひとつは、面長の顔面の周りに皮（もとは獣毛が植え込まれていたと思われる）を張り付けたサルの仮面であった。いずれも黒く彩色されている。これら二つの仮面は、ニヤサランドでの収集という情報しか付帯していないが、ニャウの仮面であることは間違いないと思われる。その後、欧米各地やアフリカ内のさまざまな博物館の仮面コレクションを調査したが、大英博物館に収められた一九二九年収集のこれら三点の仮面が、博物館に収蔵されたチェワの仮面の最古の例とみなされる。

一九二九年といえば、仮面のコレクションとしては、比較的新しい部類に入る。相対的にみて、目鼻の造形が簡潔で、極端なデフォルメもみられなければ、逆に自然主義的な造形への極端なこだわりもみられないチェワの仮面は、破天荒な造形を求めていたアフリカン・アートのコレクターたちの収集の対象にはならなかったのかもしれない。また、この一九九〇年の段階では、ニャウ・ヨレンバの収蔵は、確認されなかった。大英博物館所蔵のチェワの仮面は、すべて木製の仮面で占められていた。

こうした所蔵品調査の成果以上に、私は、仮面だけでなく、さまざまな器物を包含した、この大英博物館の巨大なコレクションを前にして、「なぜ、人間はこれほど多くのモノを集めようとするのか」と、素朴な疑問をもった。また、当時の人類博物館では、常設展示はなく、各展示室で期間を限った企画展が次々に開催されていた。一年間の私の滞在中、ジョン・マックが企画した「アフリカのイメージ——エミール・トルデイとコンゴの美術１９００－１９０９」や、ナイジェル・

バーリーが企画した「ベニンの美術」の展示作業を私も実際に手伝い、さらに京都国立近代美術館と東京国立近代美術館で開催された「大英博物館所蔵品によるアフリカの染織」展の準備に、展示品の選定からかかわることになった。短期間にそうした経験を積むなかで、私は、博物館のコレクションの形成と、博物館の展示を通じたアフリカ文化の語られ方に強い関心をもつようになった。私が、博物館の研究を、自身のもうひとつのテーマとするようになったのは、このときからである。いわば、私は、アフリカでのフィールドワークはそのまま継続する一方で、自身が所属するミュージアムという装置そのものを、自らのフィールドワークのもうひとつの対象にしたのである。

世界の博物館の仮面コレクション

大英博物館での滞在中には、ロンドン大学東洋アフリカ学院（ＳＯＡＳ）のアフリカ美術史・考古学講座のジョン・ピクトンのゼミに一年間加わり、またイギリス国内のアフリカ関係コレクションをもつ博物館の数々も訪ねた。ＳＯＡＳのジョン・ピクトンは、大英博物館民族誌部門の元キュレイターで、ナイジェリアで長年フィールドワークを続けてきている。アフリカの染織の研究で知られるが、彼のナイジェリア・エビラ社会の仮面舞踊の報告に、私は布製の仮面の重要性を改めて認識させられた。

一年弱のロンドン滞在を終えた私は、帰国の途上で、ヨーロッパ各地の博物館・美術館をめぐった。その後も、機会を得ては、アフリカ、ヨーロッパ、アメリカ、オセアニア、アジア各地の民族学博物館や美術館を訪ねている。それら世界各地の博物館・美術館を巡って確認したアフリカの仮面のコレクションの特徴は、すべて木彫の仮面が大半を占めているという点である。布製の覆面や、プラスチックや紙、ブリキなど、ありあわせの素材で作られた仮面はごく一部にみられるにすぎない。アフリカの仮面や彫像が、二十世紀の初頭、ピカソやマティス、ブラマンクらによって「発見」され、モダン・アートの歴史のその後の流れに大きな影響を与えたことはよく知られている。キュビスム「立体派」の芸術に影響を与えたといわれるだけに、アフリカの造形が立体的な木彫を中心とするというイメージは、現在のところ広くいきわたっている。世界各地の博物館・美術館のコレクションは、まさしくそのイメージを裏書きするものになっているといってよい。

「アフリカ美術」の虚構

「アフリカ美術」、そしてそれを代表するアフリカの仮面が、木彫に代表され、立体的な造形を特徴とするというイメージは、ピカソやマティスによる「アフリカ美術の発見」の物語とともに、広く一般に流布するものになっている。しかし、本書で、ザンビア、チェワの仮面の儀礼に接した読者には、それが必ずしも正確な理解でないことにすでに気づかれているに違いない。

チェワの社会の場合、ニャウの木製の仮面は、葬送儀礼、とくに喪明けの儀礼の最後の場面で登場するだけである。葬送儀礼で、死者の霊を祖先の世界へ送り届けるという、もっとも重要な役割を果たすのは、木や草を編んで作ったかぶりもの形の仮面、ニャウ・ヨレンバである。それらの仮面は、儀礼のたびに集団で製作され、儀礼が終わったのちは焼却される。一方、木製の仮面は、死者の霊を祖先の世界へ送り届けるという儀礼の目的から言えば、その目的がすでに達成されたのちに登場し、陽光のもとで舞踊を演じる。それらの木製仮面は個人の所有になり、壊れるまで繰り返し使用される。

じつは、こうした傾向は、けっしてチェワの仮面結社ニャウだけにみられるものではない。仮面をもつアフリカの多くの社会で、同様の慣習が確認されるのである。すなわち、木製の仮面は儀礼が終わったあとの、日本でいえば直会《なおらい》にあたるような場面でしか登場しない。儀礼の重要な場面で用いられるものの多くは、むしろ樹皮や繊維で出来ており、儀礼が終われば廃棄されるのが常である。木製の仮面は、儀礼の場ではむしろ脇役であり、しかも踊り手個人の持ち物とされているだけに、ヨーロッパ人の手に渡りやすかったといえるであろう。世界の博物館・美術館は、そうして集められた木製の仮面をもとに、アフリカの仮面のイメージ、アフリカのイメージを作り上げてきてしまったのである。

民族誌記述の転換点にたちあう

人類学や博物館が、異文化のイメージを勝手に作り上げてしまった。この認識は、一九八〇年代後半に、人類学の世界、そして博物館の世界で急速に広まった。以後、従来の研究や収集・展示のあり方に対する批判的検証が進められるようになる。

ジェイムズ・クリフォードとジョージ・マーカスの編になる『ライティング・カルチャー』が出版されたのは、一九八六年四月のことであった。私が、一九八四年から二年間のザンビア・チェワ社会での滞在を終えて帰国した直後のことである。その同じ一九八六年四月から、谷泰さんを代表とする京都大学人文科学研究所・社会人類学部門の共同研究「民族誌記述の方法をめぐって」が開始され、私もその共同研究に加わった。私は、八六年までの二年間のザンビアでのフィールドワークで得た資料をもとに、その後、『仮面の森――アフリカ・チェワ社会における仮面結社、憑霊、邪術』（一九九二）と題する民族誌を上梓することになるから、谷研究会は、私にとって、民族誌をいかに書くかを、理論的な省察をくりかえしつつ、実践の面で鍛え上げていく、いわば「道場」のような存在であった。研究会で、『ライティング・カルチャー』を分担して紹介し、検討するという場がもたれたのは、初年度、八六年の末のことであったと思う。同書刊行からまだ半年も経たないころのことである。

周知の通り、同書は、その後、人類学の世界に、カルチャー・ショックならぬ、『ライティング・カルチャー』ショックとでも言うべき、大きな衝撃を与えた。長期にわたる現地でのフィールドワークによる直接観察を前提に、ひたすら客観的な知を求めていたはずの人類学が、じつのところ対象社会をそれ自体で完結したまとまりとして描き、個々の社会の動きや変化に目をとざしていたことが明らかにされ、人類学も結局のところは客観的な知ではありえないという事実が突き付けられた。今となって振り返ってみれば、それは、いかなる知の営みもその時々の歴史や社会制度に制約されたものでしかないことが改めて確認され、それを前提とした知的営為が求められるようになったという、人文科学・自然科学をも巻き込んだ、大きな知の「地殻変動」＝パラダイム・シフトの一断面であった。ただ、当時、そのような動きのただなかで、それまでひたすら対象社会に寄り添うことで民族誌の精度を上げようと腐心して来た研究者のなかには、当惑のまましばし立ちすくんだ者も少なくなかったように思われる。『ライティング・カルチャー』のあとで、文化をどう描けばよいのか。いや、他者の文化を描くことはそもそも可能なのか、と。

フィールドワークの政治性や人類学的営為の権力性・恣意性の問題は、私にとってのはじめてのフィールドワークで大塔村の欽ちゃんからつきつけられたものであり、また上ナイル踏査隊編成の際の探検部での議論でも正面から問われたものであった。私にとって、それは、フィールドワークを続けるなかで常に自身に問い続けてきた問題であったといってよい。

民族学博物館への批判

人類学の世界における民族誌批判の動きと時期を同じくして、民族学博物館もまた、激しい批判にさらされるようになる。さきにみた人文社会科学全般における政治性・歴史性への関心の高まりが、西洋と非西洋の歴史的関係性の具体的な証として、民族学博物館を改めて議論の俎上に載せた。他方、これまで民族学博物館の展示の主たる対象となってきた非西洋の諸民族の側の「自己の文化」や「自己の歴史」に対する関心の高まりにともない、従来の一方的な民族文化の展示のあり方に対する異議申し立ては日増しに激しさを増していく。地球規模の移動と交流が進むなかで、言語の壁を越えて誰にでもアクセスできる民族学博物館の展示は、文化の表象の実践の場、あるいは表象する側と表象される側との接触の場として、文字で書かれた民族誌以上に熱いまなざしにさらされるようになったのである。

こうした動きを受けて、一九八〇年代後半以降、世界各地の民族学博物館のあいだでは、従来の「異文化」展示に潜む既成の価値観に縛られた表象の図式を掘り起こす作業が積極的に進められるようになる。そして、その成果をふまえて新たな表象の様式を模索する試みも展開されていった。また、その一方で、「異文化」の展示でなく、個々の民族、個々のコミュニティによる「自文化」の展示を目的とした民族学博物館やコミュニティ・ミュージアムの建設も、世界各地で活発化していく。民族学博物館は、これまで「自己の文化」の対極としての「異文化」を発見し、あるいはつくりあげる装置として機能してきた。それが、「異文化」ではなく、むしろ「自文化」を発見し、つくりあげる装置として改めてみなおされてきたのであった。

「二〇世紀美術におけるプリミティヴィズム」をめぐる論争

二十世紀の末以降の博物館・美術館の世界での、こうした新たな動きの契機になったものとして、ひとつの展覧会が挙げられる。一九八四年にニューヨークの近代美術館で開かれた「二〇世紀美術におけるプリミティヴィズム——『部族的』なるものと『モダン』なるものとの親縁性」展である。

この展覧会は、副題にもあるとおり、この展覧会と解説書は、モダン・アートと「部族美術」のあいだにある、造形上ならびに構想上の共通性――ルービンはそれを「親縁性」という言葉でよんでいる――を浮かび上がらせようという試みであったが、それを背後から支えている観念をめぐって、展示開催中から激しい論争を巻き起こした。その展覧会から十年が経った一九九四年に、私はこの展覧会の解説書の日本語版制作を監修を担当した（写真48）。その作業の課程で、はからずも私自身がこの論争に巻き込まれることになった。

批判の先鋒に立ったのが、ジェイムズ・クリフォードであった。クリフォードは、「プリミティヴィズム」展が、モダン・アートの作家ごとにコーナーが設けられ、その作家の作品を中心にして、それに類似した（あるいはそれに影響を与えた）「部族社会の作品」がその作者の名前も明記されずに並べられていることに目をとめ、その西洋中心的な視線を糾弾する。すなわち、この展覧会と解説書は、結局のところ、モダン・アートの作家たちによる「たんなる器物（artifact）」の「美術（Art）」としての「発見」と「救済」の物語をつむぎだし、結果として西洋の作り出した「美術（Art）」という概念を普遍化しようとしたに過ぎない、

写真48　『20世紀美術におけるプリミティヴィズム』展解説書の日本語版（1994）。この展示は、それを背後から支えている観念を巡って熱い論争を巻き起こした。

とクリフォードは激しく論難したのである（『文化の窮状』一九八八）。こののち、このクリフォードの批判的見解は各所で引用され、多くの美術史家や歴史家も議論に加わっていく。「プリミティヴィズム」展は、美術館の所蔵「作品」と民族学博物館の所蔵「資料」を、文字通り一堂に集めることで、結果的にこれまで美術の世界のなかでしか論じられてこなかった「二〇世紀美術におけるプリミティヴィズム」の問題を、人類学者、歴史家をも含めた「近代」の再検証の場に引きずり出すことになった。展覧会開催から十年をへて、私がその解説書の日本語版を刊行する必要を痛感した理由もそこにある。

　日本語版のあとがきのなかで私は、以上のような経緯も含め「プリミティヴィズム」展の歴史的意義を論じた。はたせるかな、このあとがきに対して原編著者のルービンからクレームがついた。あとがきのなかで、展示ならびに解説書に対する批判的見解を紹介するというのは、フェアーでないというのである。この知らせを、私はザンビアで受け取った。フィールドでの調査中のことでもあり、すぐには対応をしかねたが、いずれにせよあれほどの議論をまきおこした展覧会を、あたかもそのような議論がなかったかのように紹介することなど、私にはできない。また、それでは日本語版の出版の意義も失われてしまう。ザンビアから帰国したのち、私はルービンと手紙のやりとりのほか、国際電話で三時間以上も話し合った。最終的に、私のあとがきはそのまま掲載することにし、それにルービン自身が一文を添えるというかたちで決着をみることになった。ルービンはそのなかであらためてクリフォードへの反論を展開し、「芸術」の普遍性を熱っぽく語っている。

「芸術」という概念が、ヨーロッパという一地域が生み出した文化的概念なのか、それとも人間にそなわった普遍的能力の呼び名なのか。また、「芸術」の問題は、社会ときりはなして論じることができる聖域なのか否か。さらには、美術館にいけば「作品」の横には必ず作者の名前と制作年代が明記されているのに、なぜ民族学博物館のなかでは「資料」に「なになに族」という民族名の表記しかなされないのか。

私の考えでは、創造性に満ちた活動とその所産を「芸術（アート）」と呼ぶなら、当該の社会に「芸術」という語があるとないとに関わらず、非西洋の社会にも「芸術」は、間違いなく存在する。しかし、実際には、同じく「近代」に入った時代に生み出されたものであるにもかかわらず、アフリカやオセアニアで生み出された造形はけっして「モダン・アート」と呼ばれず、欧米の作家の所産だけがその名で呼ばれてきたのである。作家個人を称揚する美術館の展示と、集団に共有された文化を強調する博物館の展示のあり方の違いには、結局のところ、自己は複雑で常に変化し、一般化など出来ないが、他者は単純で変化もせず一般化がたやすくできるという区別、開かれた自己と閉じた他者という区別、つまるところは、植民地時代にまでさかのぼる「文明」と「未開」という区別が投影されているとしか思えない。ルービンとのやりとりは、私にとって、自身の問題意識を鮮明にする契機となった。

推薦状を書いてください

ルービンからの苦情の手紙を受け取ったという、一九九四年のザンビアのチェワの村での滞在も終わりに近づいたころのことであった。

一九八四年以来のチェワでの滞在で、当初から十年以上にわたり、私のアシスタントを務めてくれていたのが、モゼス・ピリである。はじめは通訳として働いていてくれた彼は、のちには、私の仕事の最大の理解者となり、私のチェワでの仕事はすべて彼との共同作業の成果だったといってもよい。

一九九四年の暮れ、村を離れるに際して、私は他のプロジェクトに手を取られて、しばらく村には戻ってこられないかもしれないと、モゼスに告げた。そのモゼスから「ケンジがこないなら、しばらく町へ出て働きたい。そのための推薦状を書いて欲しい」と頼まれた。当時のザンビアの農村部は、一九九〇年代の大旱魃の傷痕も癒えないうえに、新しい政府の経済政策の失敗から農作物がさばけなくなり、村での農業だけではとても生活が成り立たないという状況におちいっていた。私の滞在中にも、モゼスの兄弟たちのあいだでは、誰が出稼ぎに出るかの議論が頻繁に交わされていた。彼らの苦境は、私にも十分理解できた。とはいえ、経済状態の悪化は村だけに限らない。むしろ都市部のほうが、急激な人口の流入のもとで失業者があふれ、治安も悪化の一途をたどっている。けっして、出稼ぎに出たからといって、すぐにたやすく生活できる環境にはない。また、モゼスが一人で町へ出るということは、彼の妻と六人の子供、そして年老いた母親と妹が、これから主のいない情況で暮らしていかなければならないということを意味する。私は、モゼスに推薦状を書くのを一瞬ためらった。そして、家族はともにいるのが一番だということ、また町での暮らしは彼が思っているほどたやすいものではないと、彼に言ってきかせた。

しかし、そう言ったとたん、私は、家族を日本において毎年のようにザンビアにやってきている自分が、モゼスに家族をおいて町には出ていくなという資格のないことに思い至った。自身は常に少しでも前に進み、日々変わっていくことをめざしながら、モゼスには変わらないでいて欲しいというのは、開かれた自己と閉じた他者という区別、つまり民族学／人類学や民族学博物館がはまりこんだのと同じ落とし穴に自分がはまっている証ではないか。そう気づいたとき、推薦状を書くことに対するためらいは消えていた。そして、このときから、「異文化」に対する自らの態度、「異文化」へのまなざしのあり方をもう一度見直してみるということが、私自身にかかわる、もっとも切実な問題となった。しかも、まわりを見回してみれば、アフリカやオセアニアの人びと、さらには日本国内の「地方」に暮らす人びとさえ、ややもすれば「伝統をかたくなに守って生きる人びと」と形容され、町にはアフリカ＝奥地、オセアニア＝楽園といったイメージを売り物にする旅行パンフレットがあふれている。「異文化」へのまなざしのあり方は、私自身にとっても、また日本社会にとっても、あらためて問うべき問題だと思えた。

特別展「異文化へのまなざし」

一九九〇年から九一年の大英博物館での滞在以降、私は、大英博物館民族誌部門キーパーのジョン・マックとのあいだで、同館所蔵の歴史的民族誌写真資料についての共同研究を進めていた。大英博物館民族誌部門には、写真術の発明直後の十九世紀半ばから二十世紀の前半にかけて、世界各地で撮影された写真がおよそ二十五万点、収蔵されている。撮影者や撮影地は不明のものも多いが、いずれも植民地行政官、旅行者、探検家、宣教師や人類学者が撮影したものである。それらの写真は、世界各地の民族のかつての姿を伝える歴史的記録であるとともに、ヨーロッパ世界と非ヨーロッパ世界との出会いを物語る資料でもある。その集積のなかからは、さまざまな民族の生活の歴史的変遷が浮かびあがってくるとともに、ヨーロッパの「異文化」観の変化を跡づけることもできる。

この共同研究の成果を、「異文化へのまなざし――大英博物館コレクションにさぐる」と題する、一九九七年の民博開館三十周年記念の特別展で公開することになった。この展示では、西洋、アフリカ、オセアニア、そして日本が、近代を通じて、それぞれをどのようにみつめてきたのか。その「まなざし」の交錯の軌跡を、大英博物館を中心とした国内外のコレクションのなかにたどることで、日本に住むわれわれ自身の「異文化」観を再考してみようと試みた。

この組み合わせには、違和感を覚える向きもあるにちがいない。アフリカとオセアニア。「奥地」と「楽園」という、対照的なイメージのもとに語られることの多いこのふたつの地域は、西洋からもっとも遠い「異文化」としてとらえられてきた地域だといってよい。かつて「未開」と呼ばれ、二十世紀を通じて人類学（民族学）および民族学博物館のもっとも中心的な研究・収集の対象となった地域でもある。そのようなアフリカ、オセアニアと日本をひとつにして見るということが、これまでなかったのは確かである。しかし、振り返ってみれば、日本もまた西洋からみれば、まぎれもなく「異文化」のひとつである。にもかかわらず、日本にいるわれわれは、いつのまにか西洋に自らをなぞらえ、西洋の作り出した「異文化」観を受け継いでしまったのではなかったか。「異文化へのまなざし」展は、まさにこのようなわれわれ自身の「異文化」観、あるいは「異文化へのまなざし」に焦点をあてたものである。

展示場には、まず百年前の大英博物館の民族誌ギャラリーのうち、アフリカ、オセアニアと日本のコーナーを再現した。アフリカ、オセアニア展示室には、今日私たちがアフリカ美術やオセアニア美術の傑作として見知っている「名品」の多くがすでに並んでいる（写真49）。それらを「名品」と称している以上、私たちが今もなお、当時この展示場で築かれたアフリカ観、オセアニア観を継承していることは疑いない。一方で、こと民族誌ギャラリーに関する限り、日本については、日本刀と鎧兜が展示されているだけであった（写真50）。もし、この日本の表象の仕方に偏りがあるとするなら、私たちがさほど異和感を覚えることなく受け入れてしまう、同じ展示場のアフリカとオセアニアの表象にも同じ偏りが潜んでいるのではないか。この第一室では、西洋からアフリカ、オセアニアと同様に「異文化」視された日本を確認し、「異文化」として展示されることに伴う理不

写真49　再現した100年前の大英博物館民族誌ギャラリーのオセアニア展示室。「異文化へのまなざし」展にて。1997年、国立民族学博物館。

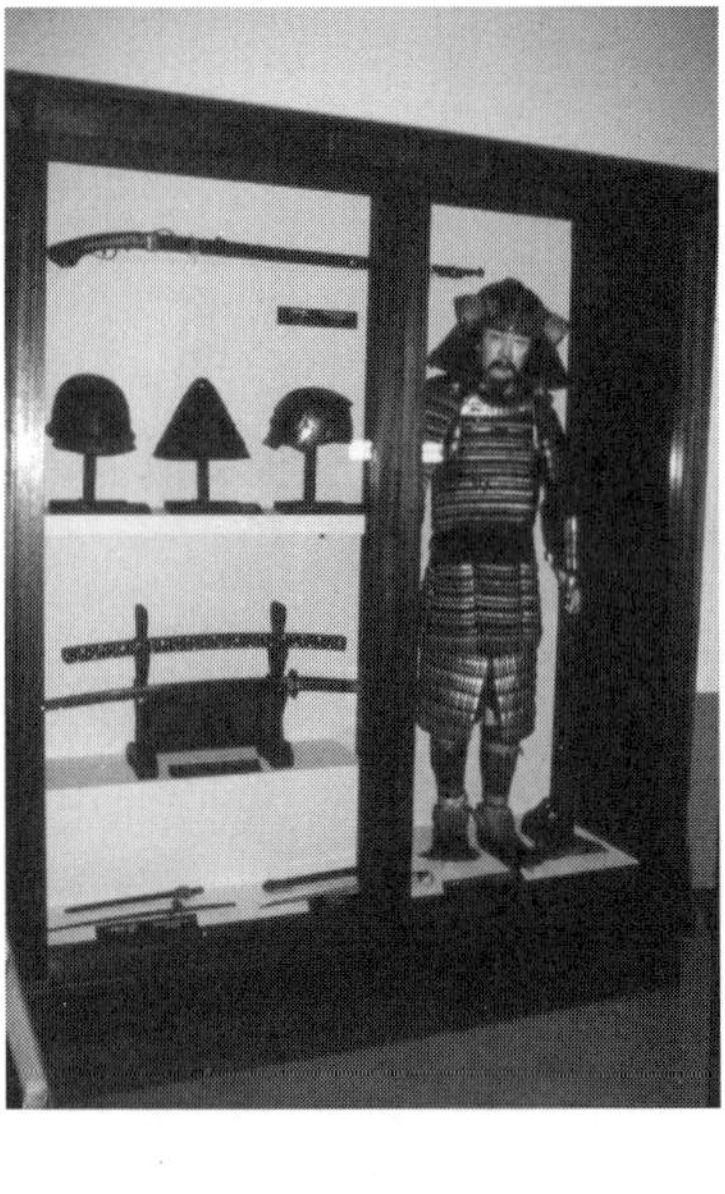

写真50　再現した100年前の大英博物館民族誌ギャラリーでの日本の展示。「異文化へのまなざし」展にて。1997年、国立民族学博物館。

尽さに気づくことから、私たち自身の「異文化」観を振り返る契機にしようと考えた。

第一室が、西洋が「異文化」をいかに見ようとしたかを示す部屋であるとすれば、第二室では、その西洋があえて見ようとしなかった「異文化」の姿を紹介した。具体的に言えば、それは、アフリカ、オセアニア、日本が、西洋文化の要素を積極的に取り込み、それまでと違った新たな文化を創り出していった部分である。「異文化」のそのような側面は、伝統文化が破壊された結果として、民族学博物館の展示からは長らく排除されてきた。しかし、世界の諸民族の文化は、常にダイナミックに変化してきた。そして、こうした変化の側面こそ、近代というものをもっともよく反映した部分だと考えられる。この第二室では、アフリカ、オセアニア、日本で同時並行的に進んでいった「近代」を振り返った。

これらふたつの部屋は、いわば、ともに西洋から眺められ、ともに西洋をみつめていた存在として、日本をアフリカ、オセアニアと同じ視野のなかにおさめてみようとしたものである。続く第三室では、その日本が西洋の作り出したアフリカやオセアニアのイメージを複製していく過程を、新聞や雑誌、「冒険だんきち」や「ジャングル大帝」などの漫画、「ターザン」や「ゴジラ」などの映画のポスター、さらには映像記録などを用いて歴史的にたどった。

最後の部屋、第四室は「越境する現代の文化」と題されている。ここでは、世界の諸民族が同じ文化要素を共有しながら、それぞれに個性ある文化を作り上げているという現代の状況を、アフリカ、オセアニア、日本、ヨーロッパのキオスク（街角の雑貨店）や、ハイブリッドな構成をもつ各

写真51　「異文化へのまなざし」展の最後のコーナーに並ぶモダン・アートの作品。マックス・エルンスト《ヤヌス》1973年、ジョアン・ミロ《人と鳥》1974年、ロバート・ラウシェンバーグ《回廊=R・O・C・I日本》1984年。いずれも世田谷美術館所蔵。1997年、国立民族学博物館。

地の造形を並べることで示した。そのなかには、ミロ、エルンスト、ラウシェンバーグの手になるモダン・アートの作品――それぞれ、アフリカや日本の造形をモチーフにしている――のほか、ガーナ、カネ・クエイ工房のベンツをかたどった棺桶や、ニューギニア高地、ワギのビールのラベルをモチーフにした図柄の戦闘用の盾も含まれている（写真51）。

二十世紀の初頭以来、欧米を中心として展開してきたモダン・アートは、非西洋の造形を、あるときはモチーフとして、またあるときはインスピレーションの源泉として、直接・間接に取り込みながら展開してきた。しかし、「異文化」の要素を取り込みながら自らの表現世界を構成するという志向は、けっしてモダン・アートにだけみられるものではない。それは、ガーナの棺桶にも、ニューギニアの盾にも同様にみとめられるものである。

「モダン・アート」と「民族誌資料」、芸術と非芸術といった区別をとりはらい、社会から切り離された天才的個人の表現としての芸術という見方も、また逆に社会的要請に従属する非芸術という見方もいちど度外視して世界と改めてむきあうとき、世界中の人びとが互いにさまざまなかたちで結びつきながら、多様な表現行為に従事してきたことが見えてくる。この「異文化へのまなざし」という展示全体を通じて、私たちは、世界の諸民族が、文化の差違を越えて、近代という同じ時代をともに生きてきたという、ごくあたりまえの事実を確認しようとしたのである。

いまさらいうまでもなく、他のあらゆる表象の行為と同様、展示という営みも、われわれ自身のものの見方から自由ではありえない。とりわけ「異文化」を対象とした民族誌展示の場合、自文化中心的な「異文化」像を対象におしつける危険性をはらんでいる。自己の文化のもつ既成の観念にとらわれた「異文化」表象の図式を掘り起こしつつ、展示される側の声、そして展示を見る側の声をいかに展示に反映させるか。民族誌展示の要点は、いまやその点に集約されるといっても過言ではないように思われる。民族学博物館あるいは民族誌展示に営みの基本が「他者」とのかかわりにある以上、そのあり方になにかひとつのモデルを求めるとすれば、それは、われわれが見知らぬ「他者」とかかわれる唯一の方法、つまり対話によって「自己」と「他者」が同じ時空間を共有しつつ、ともにわずかずつでも変わっていくというあり方以外にないのであるまいか。

美術史家のダンカン・キャメロンは、かつて、ミュージアム、つまり博物館・美術館のあり方には、テンプルとフォーラムという、ふたつの選択肢があると指摘した。テンプルとしてのミュージアムとは、すでに評価の定まった「至宝」を人びとが「拝みにくる」神殿のような場所、一方、フォーラムとしてのミュージアムとは、未知なるものに出会い、そこから議論が始まる場所という意味である。キャメロンはまた、「フォーラムとは議論が戦わされる場所、テンプルは勝ち誇った者が居座る場所である。前者はプロセスであり、後者は結果である」とも述べている（「ミュージアム——テンプルか、それともフォーラムか」一九七二）。

私は、「異文化へのまなざし」展の展示解説書の中で、文字のかたちでは初めて、キャメロンのこの発言を紹介した。その後、博物館、とくに、「自文化」と「異文化」を包含する民族学の博物館は、テンプルである以上に、フォーラムとしての性格を強く帯びるようになっていく。

民博アフリカ展示の更新

「異文化へのまなざし」展は、従来の民族学博物館の展示を再検討するものであったが、それは同時に、私の所属する国立民族学博物館の既存の展示を再考するものでもあった。この展示を契機に、開館以来三十年間大きく変更されることのなかった常設展示の全面更新に向けての議論が始まる。展示の基本的なコンセプトから練り直し、およそ十年にわたる議論を経て、二〇〇七年に「国立民族学博物館における展示基本構想　２００７」をまとめ、翌二〇〇八年から実際の改修作業を開始した。

二〇〇九年の三月、開館以来の常設展示の全面的刷新の先頭を切ってアフリカと西アジアの展示がオープンした。以後、毎年、二つの展示場の改修を進め、二〇一六年三月、中央・北アジア展示場とアイヌ文化の展示場の公開をもって、すべての展示場の更新を完了することになっている。

民博の開館以来の展示は、諸民族の文化を序列化せず、世界の諸地域の文化の特徴を示すという視点から、主として伝統的な生活用具に焦点をあて、そのバリエーションを大量の展示物で紹介するというものであった。従来のアフリカ展示もその例外ではない。それは、見る者を圧倒する迫力をもったものであったが、モノは大量に並んでいるが、それを生み出し、日々使っている人びとの実際の暮らしぶりが見えない、という批判も耳にした。おそらく民博の展示は、二十世紀の文化人類学が標榜してきた文化相対主義的な民族誌展示を、世界でもっとも徹底的に実現したものと位置づけられる。しかし、それはまた、それぞれの地域があたかもそれ自体で閉じ、独特の文化だけをもっている、といったイメージを作り上げてしまったという点も否めない。実際には、世界のどこの文化も外の世界とつながりをもち、日々変化してきた。そうした反省に立ち、新たに構築する展示では、

・その地域と世界、その地域と日本のつながりがわかる展示
・歴史的展開の結果としての現代を示す展示
・同時代人としての共感をはぐくむ展示

・展示する側と展示される側の共同作業による展示

展示する側と展示される側の共同作業という点でいえば、私が直接担当したアフリカに関しては、セネガル、マリ、ナイジェリア、カメルーン、タンザニア、ザンビア、南アフリカ、マダガスカルという、アフリカ八カ国の博物館や大学の研究者に展示アドヴァイザーになってもらい、三年をかけてアフリカ各地をともにまわって現地の文化遺産の状況を共同調査するとともに、日本で定期的に会合を重ねて展示を作り上げた。

展示の構成としては、基本的に今われわれが生きている現代に軸足を置きながら、まず「歴史を掘り起こす」というセクションで、アフリカの人びとが現在、自分たちで掘り起こそうとしている歴史を現在までたどったのち、現代のアフリカの様相を、「働く」「憩う」「装う」「祈る」という四つのセクションで紹介することにした。

この展示のなかで、私自身がとくに新しい試みとしてこだわったのは、「働く」というコーナーの展示である。従来の民博のアフリカ展示では、農耕民や牧畜民、狩猟採集民といったように、生業の区別をもとに、その社会を描いてきた。しかし、現代のアフリカでは、たとえば、農耕を主な生業としている社会でも、農閑期になると男たちはほぼ一〇〇パーセント町に出稼ぎに出て賃労働に従事する。そうでないと、現金収入が得られないからである。そういった人びとを「農耕民」という言葉でひと括りにして語れるものだろうか。そこで、新しい展示では、一人一人の個人に焦点をあて、顔写真とともにその人物が実際に労働に使っている道具の実物をとりつけた等身大パネル

写真52　民博の新しいアフリカ展示場、「働く」のコーナー。左手前の等身大パネルに、ヨセフ・ピリの使っていた鍬が展示されている。映像の中で、ヨセフ・ピリ自身が自らの畑仕事への思いを語る。2010年。

を用意し、動画やメッセージ文のなかで、それぞれの人物に自分の「仕事」についての思いを語ってもらうことにした。そのうちのひとつのパネルでは、モゼスのあとをついで私の村でのアシスタントをしてくれているヨセフ・ピリを取りあげ、彼が日常使ってきた鍬の実物を展示するとともに、私が撮影した映像の中で、彼に一年の農耕のサイクルと、収穫後の出稼ぎについて語ってもらっている（写真52）。具体的な名前をもった個人として私たちと同じ時代を生きているアフリカの人びとの姿を浮かび上がらせようとしたのである。同時代人としての共感をはぐくむ展示として、この手法は、新しい民族誌展示の方向性を提示できたのではないかと秘かに自負している。

もうひとつの新たな試みは、「祈る」のセクションに、ザンビア、チェワの仮面結社ニャウによる葬送儀礼に関するコーナーを設けたことである。木製

写真53　民博の新しいアフリカ展示場、「祈る」のコーナーでのニャウ・ヨレンバの展示。2010年。

仮面をつけたニャウの踊り手とともに、カモシカ、ハイエナ、カメのニャウ・ヨレンバを展示した（写真53）。一九九〇年の「赤道アフリカの仮面」展の際、私自身が製作したものである。ニャウの正式のメンバーが製作したものであるから、「複製」とは表示していない。これらの仮面の背後には、大画面で、二〇〇〇年の喪明けの儀礼「ボナ」で私が撮影した映像を流している。その中には、「秘密」の場面の映像は含まれていない。また、展示の様子は、ザンビアのニャウのメンバーに写真で報告し、それが秘密を漏らすものでないことを確認してもらっている。

私がはじめてカリザ村に入って以来アシスタントを務めてくれていたモゼスは、一九九九年にこの世を去った。ＨＩＶによるものであった。モゼスと私のあいだでは、どちらかが先に死ねば、残ったほうがニャウを呼んで葬送儀礼をあげることを約束していた。一九九九年、モゼスの死の報に接し、私はその年の暮れに、その事実を確認するため、村へ赴いた。残念ながら、その報告は事実だった。モゼスの親族に、儀礼の際に大量の酒を用意できるよう、肥料代を渡してトウモロコシの増産を依頼し、翌二〇〇〇年八月、再び村へ戻ってモゼスのためのボナの儀礼を催した。展示場に流れる映像は、その際のものである。

このコーナーは、「祈る」と題するセクションに設けられている。ニャウによる踊りは、グレ・ワムクール「大いなる踊り」と呼ばれる一方、ペンペロ・ラリクール「大いなる祈り」とも称される。仮面舞踊はチェワの人びとにとって、死者への「祈り」にほかならないのである。

かつての民博のアフリカ展示場では、壁一面に木製仮面が展示されていた。その多様な形態に魅了されて、スケッチをする美術系の大学の学生の姿もしばしば見られた。新たな展示場では、そうした大量の木製仮面は姿を消し、ニャウによる葬送儀礼のコーナーに置き換えられている。本書の読者には、その理由はすでにお分かりのことであろう。チェワの人びと、アフリカの人びととの視点からみたとき、木製の仮面は脇役にすぎず、ニャウ・ヨレンバのような、かぶりもの形の仮面こそが、人びとの「祈り」を実現するという大役を果たすからである。旧展示場の仮面の展示に思い入れの強い来館者のなかには、「俺のアフリカを返せ」という声をあげる方もおられる。ただ、日本の人びとがアフリカに求めるイメージを提供するのが、私たち、民族学博物館の研究者の務めではない。アフリカの展示は、アフリカの人びととともに、アフリカの人びとにできうるかぎり寄り添うかたちで作りあげること。新しい展示の製作にあたって、私たちは、それをめざした。

　開館以来続いて来たかつての民博の展示と、今回新たに構築した展示の最大の違いを一言でいえば、新たな展示には、ひとつひとつの展示物の背後に、四十年以上にわたる民博の研究者のフィールドワークと、それを通じて築き上げられた現地の人びととの絆の存在があるということに尽きる。そして、それは、間違いなく、新しい民博の展示を完成させた、私たち民博の現在の研究者の誇りとなっている。

結び　仮面という装置

世界の仮面

本書では、仮面を基軸にしながら、私のフィールドワークの軌跡をたどってきた。本書においては、とくにアフリカ、ザンビアでのフィールドワークと、その後のミュージアムを舞台とした活動に焦点をあてたため、私が、機会を得ては続けてきた、日本国内、さらには海外の他の地域における仮面をめぐるフィールドワークについては、触れることができなかった。国内について言えば、東北、三陸沿岸の鵜鳥神楽や早池峰神楽から、秋田・男鹿のなまはげ、加賀や高山、伊勢の獅子舞、西は中国地方の備中神楽、大元神楽、石見神楽、九州の高千穂神楽に至るまで、さまざまな機会に仮面の祭にたちあってきた。また、海外では、東南アジア、ヨーロッパ、北アメリカの仮面の舞踊にじかに接する一方、世界全体をカヴァーする民博の仮面のコレクションの管理をするなかで、世界中の仮面の文化についての知見を蓄えてきた。現在、民博には約六千点の仮面が収蔵されているが、このコレクションは、イギリスの大英博物館の九千点に次いで、世界第二位の規模をもち、また全世界からほぼ満遍なく収集がなされている点でも、特筆される。民博の仮面コレクションは、すでに世界に冠たるものになっていると言っても過言ではない。それらの仮面との付き合いは、私に豊饒な時間を与えてくれた。館の内外を問わず、民博の仮面の展示に立ち会うたびに、幾度、このモノたちとともにいられて幸せだと思ったことかしれない。

「異界」の可視化

世界の仮面を広く見渡して、そこに共通する特徴としてまずあげられるのは、ほかでもない、私たちがチェワの社会で確認したとおり、それが、人びとにとっての「外」の世界、言い換えれば人間の知識や力の及ばない世界、つまり「異界」の存在を目に見えるかたちに仕立て上げたものだという点である。チェワ社会におけるニャウの仮面をはじめ、アフリカやメラネシアにおける葬儀や成人儀礼に登場する仮面だけではない。ヨー

写真54　ジャック・イン・ザ・グリーンの行列。5月のはじめ、メイ・デイの祭に、体全体を緑の葉で覆った仮面が登場し、町を練り歩く。夏の精霊をこうして迎えるのだという。イギリス、ヘイスティングズ。1991年5月撮影。

写真55　ナマハゲ。大晦日に家々を回り、子供たちを脅し、祝詞を述べることで、新たな年をもたらしてくれる来訪神の行事である。男鹿半島、戸賀にて。2005年12月31日撮影。

ロッパでいえば、季節の変わり目に登場する仮面（写真54）、たとえば、ギリシアのディオニソスの祭典に用いられた仮面から、現代のカーニヴァルや越年祭に登場する異形の仮面に至るまで、また、日本でいえば、能・狂言や民俗行事のなかで用いられる神がみの仮面から（写真55）、現代の漫画やテレビで活躍する鞍馬天狗（鞍馬の山の天狗と重ねあわされている）、月光仮面（月からの使者といわれる）やウルトラマン（M78星雲からやってきた人類の味方）に至るまで、仮面は常に、世界の変わり目や時間の変わり目において、「異界」から一時的にやって来て、人とまじわっては去っていく存在を可視化するために用いられてきた。そこにあるのは、「異界」を、「村」と区別される「森」に設定するか、「町」と区別される「山」に設定するか、「地球」と区別される「月」に設定するか、あるいは「銀河系」と区別される「別の星雲（M78星雲）」に設定するかの違いだけである。確かに、入手できる知識の増大とともに、人間の知識の及ばぬ領域＝「異界」は、村や町をとりまく森や山から、月へ、そして宇宙の果てへと、どんどん遠のいていく。しかし、世界を改変するものとしての「異界」の力に対する人びとの憧憬、「異界」からの来訪者への期待が変わることはなかったのである。

ただ、仮面は「異界」からの来訪者を可視化するものだとはいっても、それはけっして視られるためだけのものではない。それは、あくまでもいったん可視化した対象に人間が積極的にはたらきかけるための装置であった。仮面は、大きな変化や危機に際して、人間がそうした「異界」の力を一時的に目に見えるかたちにし、それにはたらきかけることで、その力そのものをコントロールしようとして創り出してきたもののように思われる。

このように考えれば、あるいは、牧畜を主たる生業とする社会で仮面の製作や使用が確認されない理由も、一定程度推測がつくかもしれない。極論のそしりを恐れずに言うなら、牧畜社会、とくに遊牧をおこなうような社会では、人は家畜とともに広範囲に移動することを強いられ、人間が住む場所とその外の空間を固定的にイメージすることは難しくなる。そのとき、「異界」は森や山とそこに住む魑魅魍魎というのではなく、この地上に対する天空に設定され、一神教的な至高神への信仰を生むことにつながったとは言えないか。もとよりこれは、妄想の域を出ない私見である。

仮面と身体

ここでは、仮面が神や霊など、「異界」の力を可視化し、コントロールする装置であることをみてきた。しかし、そのような装置は少なくとももうひとつある。神霊の憑依、つまり憑霊である。しかも、仮面は、これまで、憑依の道具として語られることが多かった。仮面をかぶった踊り手には、霊が依り憑き、踊り手はその霊になりきるのだ。といった議論は、世界各地の仮面についての民族誌のなかに数多くみいだされる。

とはいえ、芸能化した仮面や、子供たちが好んでかぶる仮面に、憑依という宗教的な体験を想定することはできない。仮面のあり方の変化が語っているのは、仮面は憑依を前提としなくなっても存続しうるという事実である。そしてその点で、仮面は決定的に霊媒と異なる。霊媒は憑依という信念が失われた瞬間、存立しえなくなるからである。

憑依とは異なる仮面の固有性、それはいうまでもなく、仮面が人間の身体、とりわけ顔、素顔の上に着けられるものだという単純な事実に求められる。

変身にとって、顔を隠すこと、顔を変えることが核心的な意味をもつ理由を明確に示したのは、和辻哲郎であった。私たちは、たとえ未知の他人《ひと》であっても、その他人の顔を思い浮かべることなしに、その他人とかかわることはできない。また、肖像画や肖像彫刻にみるように、顔だけで人を表象することはできても、顔を除いて特定の人物を表象することはできない。このような経験をもとに、和辻は「人の存在にとっての顔の核心的意義」を指摘し、顔はたんに肉体の一部としてあるのでなく、「肉体を己れに従える主体的なるものの座、すなわち人格の座」を占めていると述べたのであった（「面とペルソナ」一九三五）。

この和辻の指摘の通り、たしかに私たちの他者の認識の方法は顔に集中している。逆にいえば、他者もまた「私」の顔から「私」についてのもっとも多くの情報を得ているということになる。しかし、他者が「私」を「私」として認知する要《かなめ》となるその顔を、「私」自身は見ることができない。自分の身体でも他の部分なら鏡を使わずになんとか見えるのに、顔だけは絶対に見ることができないのである。

考えてみれば、もともと「私の身体」というものは、「私」にとってきわめてあいまいにしか把握できないものである。しかも、その身体のなかでも、顔は自身では確認できないうちに、時々刻々ともっとも大きな変化を遂げている部分であろう。

もっとも他者から注目され、もっとも豊かな変化を示すにもかかわらず、けっして自分では見ることのできない顔。仮面は、まさにそのような顔につけられる。そして、他者と「私」とのあいだの新たな境界となる。ここで、私たちは、その仮面、自分と他者との新たな境界を、自分の目で見て確かめることができるという点を忘れてはならない。仮面は、変転きわまりない「私」の顔に、固定し対象化したかたどりを与えるのである。したがって、「仮面をかぶると、それまでの自分とは違った自分になったような気がする」という、人びとが漏らす感想も、固定された素顔から別のかたちに固定された顔への変化にともなう感想なのではない。それはむしろ、常に揺れ動き定まることのなかった自身の可視的なあり方が、はじめて固定されたことにともなう衝撃の表明としてうけとられるべきである。また、精霊の仮面をかぶった踊り手が精霊に憑依されたと確信するのも、そしてウルトラマンの仮面をかぶった少年がウルトラマンに「なりきれる」のも、仮面によってかぶり手の世界に対する関係がそのかたちに固定されてしまうからにほかならない。

仮面は、私たちにとって自分の目ではけっしてとらえられないふたつの存在、すなわち「異界」と自分自身とを、つかのまにせよ、可視的なかたちでつかみとるための装置なのである。

あとがき

早いもので、チェワの人びととの付き合いが始まってから、今年で三十二年になる。その交わりがあってこそ、私はこれまで研究を続けてこられた。村の人びと、それに王ガワ・ウンディ、チーフ・ムワンガラをはじめ、チェワの人びとへの感謝の思いは尽きない。

人類学のフィールドワークには、自分の成長に合わせてしか、他者が見えてこないという一面がある。はじめてスーダンのパリの社会に入ったとき、私は二十四歳であった。年齢階梯制をもつパリの社会では、「若者」（アウォペ）の階梯に属した。そこでは、同じ若者の年齢の者たちとは直接の交流がもてたが、そのひとつ上、政治的な決定権をもつ「壮年」（モジョミジ）の階梯に属する男たちの考えや思いは、型通りの「聞き取り」を通してしか、知ることができなかった。ザンビアのチェワの社会にはじめて妻の真理子とともに入ったとき、私は二十九歳であった。すでに結婚していたから、夫婦付き合いのできる夫婦も何組かはできたが、当時はまだ子供がいなかった。そのため、子供のいる夫婦、あるいは子育てに忙しい家族の思いを自分の身に引きつけて受け取ることはまだできなかったように思われる。

卑近な例をひとつ挙げよう。日本へ帰ったのち、私たち夫婦は三人の子供に恵まれ、妻・真理子

写真56　長男・吉田淳一朗の訪問を機に催されたニャウの舞踊に集まった村の女性たち。ほぼすべての村の女性が顔をそろえた貴重な写真。カリザ村、ザンビア。2009年８月撮影。

は三人とも母乳で育てた。最初の子の断乳の時期を迎え、その断乳に苦労したときのことであった。

「チェワでは、どのようにして断乳するんだろう」

その真理子のふとした問いに、私は答えられなかった。たぶん、苦い樹液か何かを乳頭に塗って断乳を促すのだとは思ったが、ノートをいくらくっても、その情報が出てこない。自分に経験のないことは、容易に問うことができず、なかなか民族誌的な情報として引き出すことができないのである。

自分の子供が大きくなった今、村のどんな家族とも、子供の行く末のこと、親の介護のことなど、気楽に話し合い、それが私自身の知識にもなっていく。私も昨年還暦を迎えた。ただ、まだ、死をそれほど身近なものには感じていない。死期を悟ったチェワの老人たちが、何を思うのか。それが理解できるのは、私が死を迎えるときなのかもしれない。

チェワの村へは、これからも、文字通り私が死ぬまで通うことになるだろう。カリザの村へは、長男の吉田淳一朗を二度帯同した（写真56）。彼も、村への道筋は覚えてくれている。私が死んだときには、彼が私の死を村に伝え、淳一朗の臨席のもとで、村でニャウを呼び、葬送儀礼、とくに喪明けの儀礼「ボナ」を開いてもらうことになっている。

私が、自分の死をこのように気軽に語れるようになったのも、チェワの人びとと接したおかげであるように思う。チェワの人びとは、自分たちがどこから来てどこへ行くかを知っている。すでに述べたとおり、チェワの人びとは、死者の霊は喪明けの儀礼「ボナ」を経て祖霊となり、将来、その子孫のあいだに生まれ代わってくると言い、生まれて来た子供に祖先の名前を継承させるというかたちで、この祖先の「再生」をきわめて具体的に認識しているのである。しかし、私自身は、自分が誰の生まれ代わりなのかはよくわからない。自分が、死後どこへ行くのかもよくわからない。まだまだ、チェワの人びとの考えには及ばない。「異文化」でのフィールドワークの、明らかな限界がそこにある。

アフリカで長年フィールドワークを続けてきて、私が痛感するのは、自分がただ一方的に情報をもらうばかりで、世話になったアフリカの人びとに対して、なんの役にも立たぬ存在だということである。もちろん、その一方で、日本からアフリカまでたびたびやって来れる人類学者と、日本に行くことなど不可能に近い、「調査地」の人びとという、厳然たる区別は存在する。それだけによけいに、何ひとつ「調査地」の人びとに報いることのできない自分にいらだちを感じるのである。そのような人類学者にとって、ミュージアムという装置は、世話になった人びとには直接返礼ができないまでも、彼らの子供たち、孫たちに報いる数少ない回路のひとつを提供してくれる存在のように思われる。ミュージアムをめぐる私の考察と実践は、その回路をさぐるための模索の軌跡であった。

本書では、ミュージアムという場も含めて、私自身のフィールドワークの記憶を思い浮かぶままに記してきた。三十年前のフィールドノートを開くと、それまで眠っていた記憶が次々によみがえり、新たに書きおろしたいことが山ほど湧いてきて、なかなか前に進まない。気がつくと、予定の枚数を大幅に超えていた。

単行書の執筆にこれほど手間取ったことは、これまでになかった。他の書では、書くべきテーマが定まっているだけに、フィールドノートの記述を見るときも、テーマに関連する情報だけを拾って書き進められるのだが、フィールドワーク自体を焦点化した本書では、ノートのひとつひとつの記述と自身の記憶を照らし合わせながら文章を綴ることを求められる。そのため、一種の発酵の時間が必要になるのだろうか。遅々として進まない筆に、自分自身、もどかしくてならなかった。結果的に、編集の西之原一貴、藤井彩乃両氏には、刊行時期が迫るなか、大変なご心配とご迷惑をおかけしてしまった。この場を借りて、深くお詫びを申し上げる。

ただ、フィールドノートを繰りながら本書の記述を進めることは、私にとって、忘れていた宝物を掘り出すような作業となった。フィールドワークを始めて四十年というこの段階で、自らがたどってきた軌跡を改めて振り返る機会を得たことは、私の研究の次の展開にとって、またとない礎になったように思われる。このような機会を与えてくださった、印東道子・白川千尋・関雄二の編者三氏に心からの感謝の意を表したい。

四十年前、辺りをうかがうような気持ちで、南部スーダンへ向かう自分たちの隊につけた「野外科学」＝「フィールド・サイエンス」という名が、今、改めてまわりをみまわすと、大学の部門や社会活動の分野で、ごく普通の用語として流通しているのに気づく。私たちの四十年前の判断は、あながち間違った方向をむいてはいなかったのではないか。そう思うのは、私のわがままだろうか。

お一人お一人のお名前はここにはあげることはできないが、私のこれまでのフィールドワークを支えてくれたすべての方々に本書をささげたい。

二〇一六年一月。カリザ村に戻るのを控えて。

吉田憲司

文献（本書の内容に関連する著者の著作）

吉田憲司

二〇一四　『宗教の始原を求めて――南部アフリカ聖霊教会の人びと』岩波書店

二〇一三　『文化の「肖像」――ネットワーク型ミュージオロジーの試み』岩波書店

一九九九　（二〇一四再刊）『文化の「発見」』岩波書店

一九九二　『仮面の森――アフリカ・チェワ社会における仮面結社、憑霊、邪術』講談社

一九九〇　「チェワ族の『薬』――動植物利用の一断面――」『国立民族学博物館研究報告別冊』12巻127－237頁

吉田憲司・ジョン・マック共編著

一九九七　『異文化へのまなざし――大英博物館と国立民族学博物館のコレクションから／Images of Other Cultures: Re-viewing Ethnographic Collections of the British Museum and the National Museum of Ethnology, Osaka』ＮＨＫサービスセンター

吉田憲司（日本語版監修代表　訳書）

一九九五　ウィリアム・ルービン編『20世紀美術におけるプリミティヴィズム――「部族的」なるものと「モダン」なるものとの新縁性』淡交社

YOSHIDA, Kenji

1993　Masks and Secrecy among the Chewa. *African Arts* 24(2): 34-45, 92.

1992　Masks and Transformation among the Chewa of Zambia. *Senri Ethnological Studies* 31: 202-273.

YOSHIDA, Kenji and John Mack eds.

2008　*Preserving the Cultural Heritage of Africa: Crisis or Renaissance?* Oxford: James Currey.

吉田憲司（よしだ　けんじ）

1955年京都市生まれ。京都大学文学部卒業、大阪大学大学院文学研究科芸術学専攻博士後期課程修了。学術博士。国立民族学博物館教授・副館長。専門は博物館人類学・アフリカ研究。アフリカを中心に、仮面や儀礼等についてのフィールドワークをおこなう一方、ミュージアムにおける文化表象のあり方を研究している。著書に『仮面の森――アフリカ・チェワ社会における仮面結社、憑霊、邪術』（講談社、1992年）、『文化の「発見」』（岩波書店、1999年、2014年再刊）、『文化の「肖像」――ネットワーク型ミュージオロジーの試み』（岩波書店、2013年）、『宗教の始原を求めて――南部アフリカ聖霊教会の人びと』（岩波書店、2014年）などがある。

フィールドワーク選書 19
仮面の世界をさぐる
アフリカとミュージアムの往還

二〇一六年二月二十九日　初版発行

著　者　吉田憲司
発行者　片岡　敦
印刷 製本　亜細亜印刷株式会社

606-8204 京都市左京区田中下柳町八番地
発行所　株式会社 臨川書店
電話（〇七五）七二一―七一一一
郵便振替　〇一〇七〇―二―八〇〇

落丁本・乱丁本はお取替えいたします
定価はカバーに表示してあります

ISBN 978-4-653-04249-5 C0339
〔ISBN 978-4-653-04230-3 C0339　セット〕

フィールドワーク選書　刊行にあたって

編者　印東道子・白川千尋・関　雄二

人類学者は世界各地の人びとと生活を共にしながら研究を進める。何を研究するかによってフィールド（調査地）でのアプローチは異なるが、そこに暮らす人々と空間や時間を共有しながらフィールドワークを進めるのが一般的である。そして、フィールドで入手した資料に加え、実際に観察したり体験したりした情報をもとに研究成果を発表する。

実は人類学の研究でもっともワクワクし、研究者が人間的に成長することも多いのがフィールドワークをしているときなのである。フィールドワークのなかでさまざまな経験をし、葛藤しながら自身も成長する。さらにはより大きな研究トピックをみつけることで研究の幅も広がりをみせる。ところが多くの研究書では研究成果のみがまとめられた形で発表され、フィールドワークそのものについては断片的にしか書かれていない。

本シリーズは、二十人の気鋭の人類学者たちがそれぞれのフィールドワークの起点から終点までを描き出し、それがどのように研究成果につながってゆくのかを紹介することを目的として企画された。なぜフィールドワークをしたのか、どのように計画をたてたのかにはじまり、フィールドでの葛藤や予想外の展開など、ドラマのようなおもしろさがある。フィールドで得られた知見が最終的にどのように学問へと形をなしてゆくのかまでが、わかりやすく描かれている。

フィールドワークをとおして得られる密度の濃い情報は、近代化やグローバル化など、ともすれば一面的に捉えられがちな現代世界のさまざまな現象についても、各地の人びとの目線にそった深みのある理解を可能にしてくれる。また、研究者がフィールドの人々に受け入れられていく様子には、人間どうしの関わり方の原点のようなものをみることができる。それをきっかけとして、人工的な環境が肥大し、人間と人間のつながりや互いを理解する形が変わりつつある現代社会において、あらためて人間性とは何か、今後の人類社会はどうあるべきなのかを考えることもできるであろう。フィールドワークはたんなるデータ収集の手段ではない。さまざまな思考や理解の手がかりを与えてくれる、豊かな出会いと問題発見の場でもあるのだ。

これから人類学を学ぼうとする方々だけでなく、広くフィールドワークに関心のある方々に本シリーズをお読みいただき、一人でも多くの読者にフィールドワークのおもしろさを知っていただくことができれば、本シリーズを企画した編集者一同にとって、望外の喜びである。

（平成二十五年十一月）

印東道子・白川千尋・関 雄二 編

フィールドワーク選書

全20巻 完結！

四六判ソフトカバー／平均 200頁／各巻 本体 2,000円+税　臨川書店 刊

1 ドリアン王国探訪記 マレーシア先住民の生きる世界　信田敏宏 著
2 微笑みの国の工場 タイで働くということ　平井京之介 著
3 クジラとともに生きる アラスカ先住民の現在　岸上伸啓 著
4 南太平洋のサンゴ島を掘る 女性考古学者の謎解き　印東道子 著
5 人間にとってスイカとは何か カラハリ狩猟民と考える　池谷和信 著
6 アンデスの文化遺産を活かす 考古学者と盗掘者の対話　関 雄二 著
7 タイワンイノシシを追う 民族学と考古学の出会い　野林厚志 著
8 身をもって知る技法 マダガスカルの漁師に学ぶ　飯田 卓 著
9 人類学者は草原に育つ 変貌するモンゴルとともに　小長谷有紀 著
10 西アフリカの王国を掘る 文化人類学から考古学へ　竹沢尚一郎 著
11 音楽からインド社会を知る 弟子と調査者のはざま　寺田吉孝 著
12 インド染織の現場 つくり手たちに学ぶ　上羽陽子 著
13 シベリアで生命の暖かさを感じる　佐々木史郎 著
14 スリランカで運命論者になる 仏教とカーストが生きる島　杉本良男 著
15 言葉から文化を読む アラビアンナイトの言語世界　西尾哲夫 著
16 城壁内からみるイタリア ジェンダーを問い直す　宇田川妙子 著
17 コリアン社会の変貌と越境　朝倉敏夫 著
18 大地の民に学ぶ 激動する故郷、中国　韓 敏 著
19 仮面の世界をさぐる アフリカとミュージアムの往還　吉田憲司 著
20 南太平洋の伝統医療とむきあう マラリア対策の現場から　白川千尋 著

アラブのなりわい生態系

全10巻

責任編集──縄田浩志　編──石山俊・市川光太郎・坂田隆
中村亮・西本真一・星野仏方

1『自然と人間の相互作用環』
2『ナツメヤシ』　本体 3,600円＋税
3『マングローブ』　本体 3,600円＋税
4『外来植物メスキート』　本体 3,600円＋税
5『サンゴ礁』　本体 3,600円＋税
6『ヒトコブラクダ』
7『ジュゴン』　本体 3,600円＋税
8『モロコシとトウジンビエ』
9『篤農家と地域社会』
10『現生人類はキーストーン種か？』

＊四六判上製 平均320頁／白抜は既刊
＊タイトルは一部変更になる場合がございます

ISBN978-4-653-04210-5（セット）